中国総研・地域再発見
BOOKS…⑤

中国地域の藩と人

地域を支えた人びと

公益社団法人 中国地方総合研究センター 編

中国地方総合研究センター

はじめに

江戸時代、二六〇年の長きにわたる徳川政権を支えたのは、全国に存在した三〇〇余の藩でした。俗に「江戸三百藩」「三百諸侯」と呼ばれますが、実際の藩数が三〇〇であったわけではなく、二六〇年の間には立藩、廃藩が頻繁に行われ、さらに多くの藩が存在したといわれています。

中国地域は、かつては古代出雲や吉備王国が栄え、江戸と九州、大陸を結ぶ要衝の地で、多くの藩が割拠しました。戦国時代に中国地域を制覇した毛利家の長州藩はじめ、中国地域最大の広島藩、徳川家の血縁で幕府の信頼も厚かった鳥取藩、岡山藩、福山藩などが山陽山陰の要所で繁栄しました。

これら中国地域の藩の中には、改易や移封によって消滅した藩もありますが、窮乏する藩の財政を見事に立て直して財政改革や殖産興業に努めた藩主や家臣により、繁栄した藩も多くあります。また、新田や鉱山開発、灌漑、医術など、藩の産業発展に尽くし、日本の近代化の礎を築いた実力者も多く活躍しました。

さらに、各藩は藩校や私塾をつくり、藩士子弟の教育に尽力したため、後世にその名を残す優れた人材が輩出されました。そして幕末維新のうねりのなかで、中国地域の藩士たちは近代国家を創出する大きな原動力となったのです。この地域に割拠した藩の気風や藩民意識は、いまもこの地域に引き継がれています。

本書は、織豊時代末期から幕末まで、中国地域の藩に尽くした人々や藩の盛衰をたどることにより、この地域の歴史、文化、産業、風土、気質、気風を新たに再認識するものです。

刊行に当たっては、中国地域の藩や歴史についてご専門の研究家の方や先生方にご賛同いただき、原稿をご執筆いただきました。また、中国地域の諸機関などから写真のご提供もいただきました。ここに厚くお礼申し上げます。本書の企画、編集、発行においては、株式会社ジェイクリエイトのご協力をいただきました。

二〇一四年九月

公益社団法人　中国地方総合研究センター

中国総研
地域再発見
BOOKS
⑤

中国地域の藩と人……目次

第4章　歴史を創った藩校と私塾

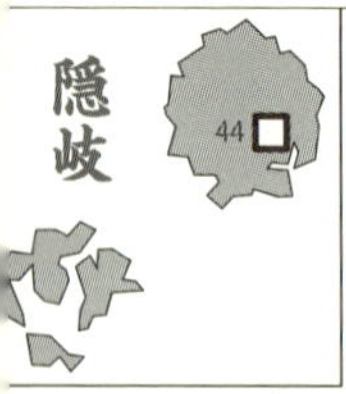

伯耆

5…**倉吉藩**	里見家	3万石
6…**矢橋藩**	市橋家	2万1300石
7…**米子藩**	中村家	17万5000石
8…**黒坂藩**	関家	5万石

因幡

1…**鳥取西館新田藩**(若桜藩)	池田家	2万石
2…**鳥取藩**	池田家	32万5000石
3…**鳥取東館新田藩**(鹿奴藩)	池田家	3万石
4…**鹿野藩**	亀井家	3万8000石

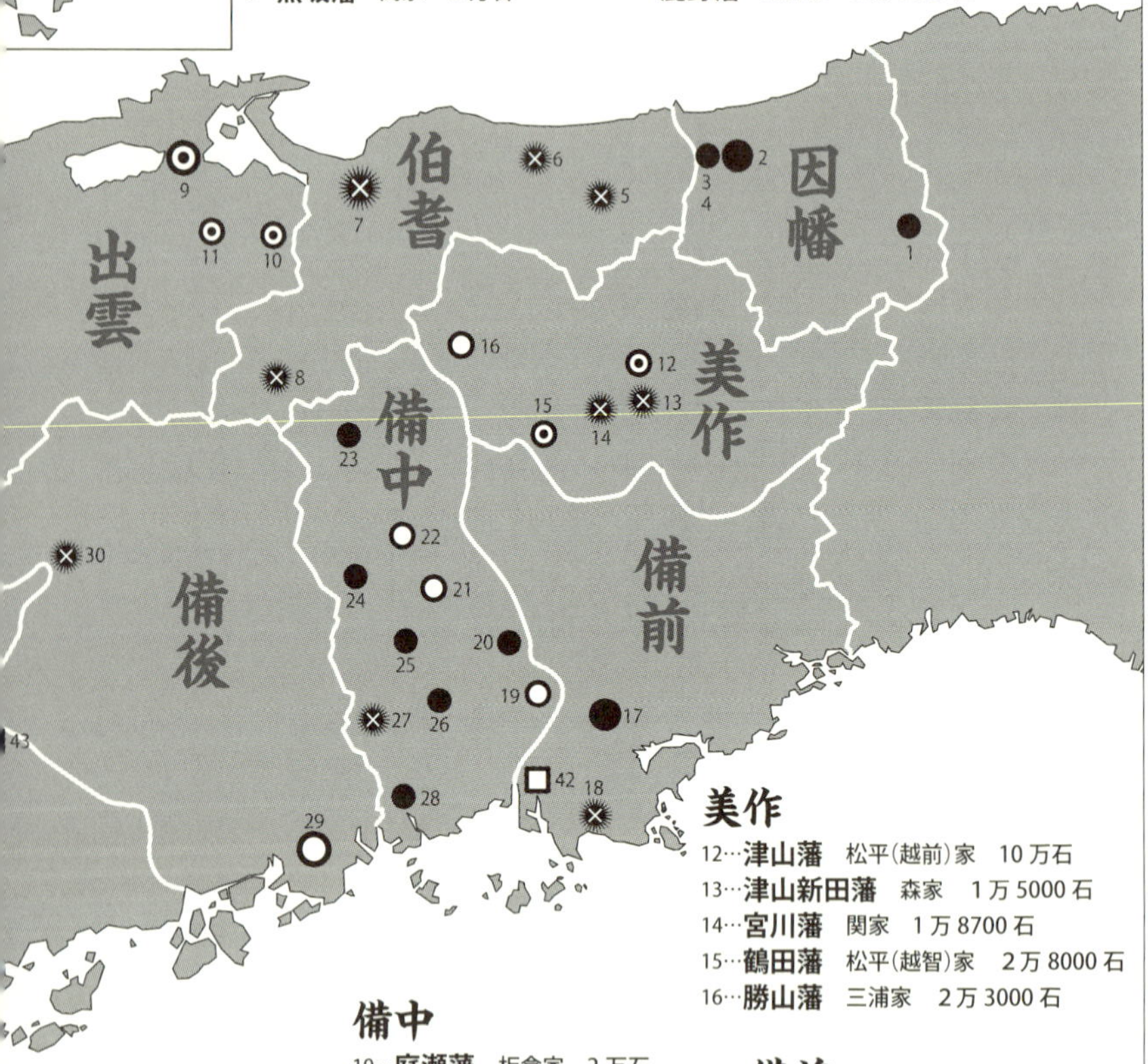

美作

12…**津山藩**	松平(越前)家	10万石
13…**津山新田藩**	森家	1万5000石
14…**宮川藩**	関家	1万8700石
15…**鶴田藩**	松平(越智)家	2万8000石
16…**勝山藩**	三浦家	2万3000石

備中

19…**庭瀬藩**	板倉家	2万石
20…**足守藩**	木下家	2万5000石
21…**浅尾藩**	蒔田家	1万石
22…**松山藩**	板倉家	5万石
23…**新見藩**	関家	1万8000石
24…**成羽藩**	山崎家	3万石
25…**岡山新田藩**(生坂藩)	池田家	1万5000石
26…**岡田藩**	伊東家	1万石
27…**西江原藩**	森家	2万石
28…**岡山新田藩**(鴨方藩)	池田家	2万5000石

備前

17…**岡山藩**	池田家	31万5000石
18…**児島藩**	池田家	2万石

備後

29…**福山藩**	水野家	10万石
30…**三次藩**	浅野家	5万石

中国地域の諸藩

●慶長8年（1603）の江戸開府から明治4年（1871）の廃藩置県までの約270年間に、廃藩も含めて中国地域に存在した主な藩の藩名と主な大名家と石高を示した。大名家がいくつも変わっている藩もあるが、主な一家のみ記した。

［凡例］
- ◉ 親藩
- ○ 譜代
- ● 外様
- ✕ 家名断絶・転封などによる廃藩
- □ 天領

天領

42…**倉敷**
43…**甲奴郡**
44…**隠岐**
45…**石見銀山**

出雲

9…**松江藩**　松平(越前)家　18万6000石
10…**母里藩**　松平(越前)家　1万石
11…**広瀬藩**　松平(越前)家　3万石

石見

33…**吉永藩**　加藤家　1万石
34…**浜田藩**　古田家　5万4000石
35…**津和野藩**　亀井家　4万3000石

長門

39…**長州藩**　毛利家　36万9000石
40…**清末藩**　毛利家　1万石
41…**長府藩**　毛利家　5万石

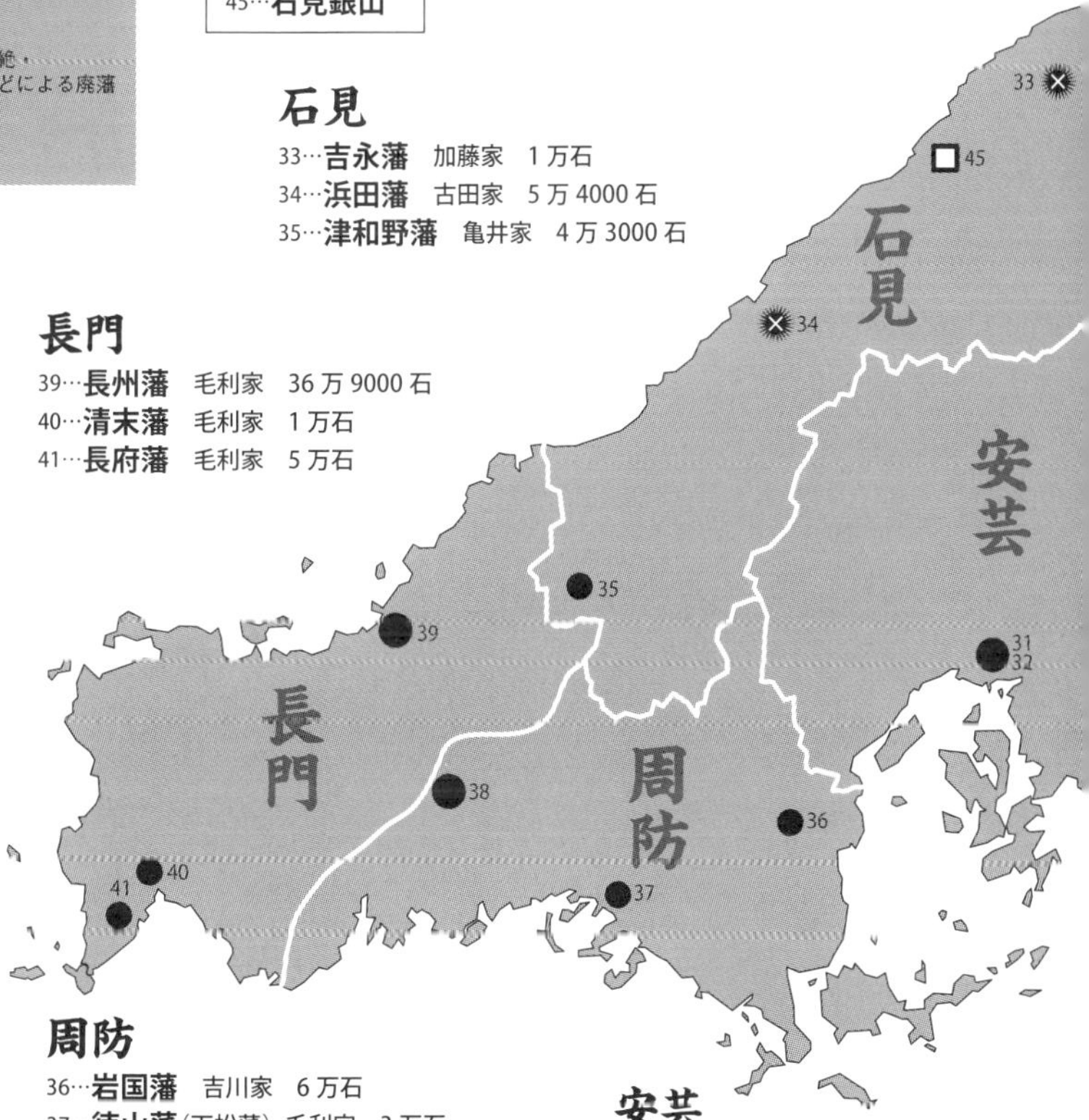

周防

36…**岩国藩**　吉川家　6万石
37…**徳山藩**(下松藩)　毛利家　3万石
38…**山口藩**(長州藩)　毛利家　36万9000石
文久3年（1863）藩庁移転により成立

安芸

31…**広島藩**　福島家　49万8000石
32…**広島新田藩**　浅野家　3万石

二六〇年の長きにわたる徳川政権を支えたのは
全国に割拠した三〇〇余の「藩」であった。
自立した独立国家であった藩は、
幕府の権威内で、藩主が独自の治世を行っていた。
中国地域の藩では
徳川政権との主従関係強化のために
どのようなドラマが生まれたのか。

広島城　写真提供：広島城

第1章

「藩」とは何か

光成　準治
県立広島大学非常勤講師

第1節

幕藩体制と藩の特質

幕藩体制はどのようにして確立したのか

幕藩体制とは、「中央政権である江戸幕府とその支配下にありながら独立の領国をもつ藩を統治機関とした政治社会体制」（『新版角川日本史辞典』）と定義され、幕藩制国家権力の起点は、織田信長の作り上げた権力体制に求めることができる。

織田信長は、室町幕府将軍足利義昭から政務を委任されたことで、全国統一を推進したが、天正一〇年（一五八二）、本能寺の変において横死してしまった。その織田家中の権力闘争に勝利した羽柴（豊臣）秀吉は、朝廷からの委任（関白職への任官）に基づき、全国統一を果たしたが、甥秀次《ひでつぐ》の関白職任官後は、「公儀」（公権力）を豊臣政権の法的主体として位置付け、さらに、秀次失脚後は、幼少の秀頼の地位を安定化させるために「公儀」を強調するようになったとされる。

秀吉の死後に勃発した慶長五年（一六〇〇）の関ヶ原の戦いは、「公儀」の構成員とされたいわゆる五大老、五奉行間の「公儀」をめぐる争いに端を発したものであり、この合戦に勝利した徳川家康は、豊臣政権「公儀」を掌握したにすぎなかった。

このため家康は、慶長八年に将軍職を獲得することによってようやく豊臣政権「公儀」からの脱却を図り、徳川政権「公儀」を樹立した。しかしながら、諸大名の連合政権的性格を有する秀吉没後の豊臣政権「公儀」の継承から発展したために、徳川政権「公儀」も諸大名の連合関係を基礎としていた。

一方で、大名は将軍から知行《ちぎょう》を拝領するという形式をとるため、将軍と大名は主従関係で結ばれ、大名は将軍に忠誠を尽くすものとされていた。徳川政権はこの主従制秩序を拡大すること（例えば、大名に対して一年交替で在江戸、在国することを義務付けた参勤交代制度など）を通じて、将軍というカリスマを戴《いただ》いた専制政治体制を確立していったのである。

藩の二つの側面

「藩」という正式の公称は、実は幕末の慶応四年（一八六八）閏《うるう》四月二七日の「政体書」によって、府、藩、県の三治制が定められ、旧幕領に府、県を置いたのに対して、旧大名領を「藩」と称したことが始まりである。そして、この「藩」という公称は、明治四年（一八七一）七月一四日に廃藩置県が断行されたことによって藩が消滅したため、わずか三年余の間用いられたにすぎなかった。

一方で、俗称としての「藩」は江戸時代中期ごろから用いられている。その早い例として、新井白石によって編さんされ、元禄一五年（一七〇二）に成立した『藩翰譜《はんかんふ》』を挙げることができる。「藩翰」とは、中国の周王朝において、天子を輔翼《ほよく》する存在として各地に配された諸侯のことを指し、大名は徳川政権を輔翼する存在であるという白石の朱子学を基礎とした意識が現れている。江戸時代中期における「藩」という俗称は親藩（徳川家康以降の徳川家の子弟）、譜代（原則として、関ヶ原の戦い以前からの徳川氏家臣）大名が主に用いており、外様（関ヶ原の戦い以後に徳川氏に服属した者）大名における使用例は少ないことからも、江戸時代中期までの「藩」という用語は大名の徳川政権を輔翼するという側面に着目したものだったといえよう。なお、親藩大名は、御三家や御三卿が将軍家に後嗣がないときに将軍職を継承する権利を有していたことにみられるように、将軍家にとって潜在的なライバルでもあり、時として、将軍家と親藩大名が対立的状況になることもあった。

これに対して、「藩国」は「王室の藩屏《はんぺい》となる国」という意味であり（『大漢和辞典』）、個別領有権を強調する点において、「藩翰」とは異なる用語である。幕末になると、「藩」という俗称は外様大名にまで一般化するようになったとされるが、そこには藩の自立意識が高まったことが背景にあると考えられており、「藩国」意識の現れとみなせる。

藩における国家意識

このような「藩国」意識は、幕末になって初めて現れたものとは考えられない。独自の支配機構をもち、独自の軍事力を組織し、独自の法的秩序を整備した戦国大名は、自らの領国を「国家」と称した。弘治三年（一五五七）、周防国禅昌寺《すおうぜんしょうじ》に発せられた掟にみられる「国家安全の御祈禱《きとう》」の「国家」とは毛利氏領国を指している。また、豊臣政権に服属した後の慶長二年（一五九七）、毛利輝元が吉川広家に対して、病気にならないことが「国家のため」であるとした際の「国家」も毛利氏領国を指している。このように、戦国大名に出自を持つ大名は、統一政権下の初期段階には国家意識を有していたものと考えられる。

また、寛永一二年（一六三五）の「武家諸法度」における藩主に相当する用語は「国主」あるいは「領主」「城主」である。「領主」「城主」と「国主」を分類しており、「国主」とは国単位の領有権を認められた大名を指す。ところが、元和《げんな》元年（一六一五）の「武家諸法度」においては「大名」「小名」の分類はあるものの、「国主」と「領主」「城主」の分類はみられないため、元和令の時点においては、大名すべてが「国主」と呼称されたものと考えられる。すなわち、大名＝「国主」の潜在的な国家意識については徳川政権も否定していなかったといえよう。藩士も大名（藩主）に対して忠誠を尽くす存在とされ、将軍と藩士の間に直接的な主従関係は形成されていないのである。

さらに、中央政府（幕府）の財政は、基本的には、幕領（直轄地や鉱山など）からの収入によって賄われており、藩領内の年貢収入などは藩の収入とされた。ただし、藩内においても、藩士に給地を与えている場合、給地における年貢収入などは藩士の収入とされた。

したがって、幕藩体制とは、中央集権的な側面と、地方分権的な側面とが併存した体制であったといえよう。

現代人に引き継がれる藩意識

明治四年（一八七一）の廃藩置県によって藩は消滅したが、藩風や藩意識はそれ以降も継承された。例えば、明治維新の原動力となった萩藩からは、多くの政治指導者が輩出された。また、現在の広島県域は明治九年に画定したものであるが、現代においても、西部（旧広島藩）と東南部（旧福山藩）とは一体性に乏しい面が見受けられる。一方で、備後地域においても、北部は広島市など旧安芸国との結び付きが少なくない。このことは備北地域が旧広島藩領であったことを反映したものと考えられる。このように、現代人にもその意識が継承されているのである。

第2節

中国地域の藩の盛衰の物語

藩のドラマを生んだ「二重の自律性」と縁戚関係

慶長五年（一六〇〇）の関ヶ原の戦いの結果、中国地域の過半を支配していた毛利氏が周防、長門《ながと》二国に減封*され、安芸、備後国に福島正則、出雲国に堀尾忠氏、石見《いわみ》国津和野に浮田（坂崎）左京亮《さきょうのすけ》が入封*した。また、宇喜多氏や因幡《いなば》、伯耆《ほうき》国の大名（宮部、木下、垣屋、南条）も改易*され、備前、美作《みまさか》国に小早川秀秋、伯耆国に中村忠一《ただかず》などが入封した。

このうち、小早川氏は二年後の秀秋の死没により断絶し、備前国に池田忠継、美作国に森忠政《ただまさ》が入封した。その後、中村氏の断絶、坂崎氏の改易、池田氏一族間の国替えなどを経て、元和五年（一六一九）、福島氏改易の後に浅野氏、水野氏が入封した。これ以降、鳥取（因幡、伯耆）、松江（出雲、隠岐）、浜田、津和野（石見）、津山（美作）、岡山（備前）、松山（備中）、福山（備後）、広島（安芸、備後）、長州（周防、長門）といった中国地域の主要な藩は、大名の交替はあるものの、藩領は大きく変わることなく明治維新に至った。

このような各藩において展開されたさまざまなドラマについて、「二重の自律性」と縁

＊減封：大名や旗本の所領を削減すること。
＊入封：大名が土地を与えられて、その領地に入ること。
＊改易：武士の所領や城、屋敷を没収すること。

戚関係をキーワードに見ていきたい。「二重の自律性」とは、筆者が中、近世移行期の毛利氏領国の特徴として提示した概念であるが、この概念は、江戸期初頭における中国地域の主要な大名（毛利氏のほか、豊臣系大名である中村、堀尾、小早川、森、池田、浅野など）にも当てはまり、各藩において展開されたドラマは、①各藩の自律性、②藩の家臣団の自律性という「二重の自律性」を克服しようとするところに起きたケースが多かった。

なぜならば、樹立当初の徳川政権（以下、「幕府」）は、諸大名（有力外様大名）との連合関係を基礎としていたため、藩政は極めて自律的に運営されており、次第に専制政治体制を確立していこうとする幕府にとって、各藩の自律性は抑制する必要があったからである。一方で、戦国期の毛利氏は有力＊国人《こくじん》領主との連合政権的な性格を有しており、有力国人領主層の給地運営は自律的であった。また、豊臣系大名の場合、ともに戦乱を潜り抜けてきたという強固な主従関係で結ばれていた初代藩主の死没や引退後に家臣団の自律性が表面化していき、他方、後継藩主はその自律性を強引に抑え込むことによって、自らのアイデンティティーを確立しようとした。

各藩の抵抗を封じるために犠牲となった福島氏

幕府が藩の自律性を抑制しようとした典型的な事例が福島氏の改易である。福島正則

＊国人領主：中世において、一定領域の在地を掌握、支配する領主のこと。

福島正則像　画像提供：東京国立博物館

の改易原因は、武家諸法度違反とされる。元和元年（一六一五）に発令された同法度第六条には「諸国の居城、修補たるといえども、必ず言上すべし」とあったが、雨風によって破損した広島城廻の塀、矢倉について、元和四年末から五年にかけて修補を行った際の事前届出を正則は怠っていた。法度に事前承認は義務付けられていなかったのであるが、幕府はこの修補を法度違反とみなした。正則の弁明により、本丸以外の破却を行うことを条件に一旦は赦免されたが、その破却が不徹底であったとして、元和五年六月、福島氏は改易となった。この事件は、戦国期の古い城郭観のもとにある諸大名に対して、自律的な居城運営を否定し、大名居城を幕府の管理統制下に置き、将軍権力の軍事優位性を確立する契機になったとされる。正則は幕府による自律性抑制に対する各藩の抵抗を封じるための生贄になったのである。

諸藩における家中騒動

中国地域の大名による有力家臣団の自律性抑制の事例として、小早川秀秋による杉原重政、中村忠一による横田村詮《むらあき》、毛利輝元による熊谷党、堀尾忠氏死没後の堀尾河内守父子、浅野長晟《ながあきら》による浅野左衛門佐の粛清などがあげられる。これらの家中内紛に対して、改易などの厳罰は科されていない。家中騒動を原因とする改易は少なかったとされる。大名に必要とされたのは、「器量、器用」（藩を統制する能力）であり、家中の内紛を自力で解決できた場合には、統制能力があるものとして処罰されなかった。大名による有力家臣団の自律性抑制は、幕府が構築しようとした地域支配体制（将軍から知行を拝領した大名に対して地域支配を委任する）の安定化に資するものだったからである。

縁戚関係による徳川政権安定化への歩み

家康、秀忠は、政権安定化のために、多くの有力外様大名と縁戚関係を構築していった。中国地域関係においては（関ヶ原の戦い前を含む）、池田輝政（家康次女督《とく》）、浅野長晟（家康三女振）、福島正之（家康養女満天）、中村忠一（家康養女浄明院）、京極忠高（秀忠四女初）、毛利秀就《ひでなり》（秀康次女、秀忠養女喜佐）、池田利隆（秀忠養女鶴）、池田光政（秀忠養女勝）、堀尾忠晴（秀忠養女ビン）、森忠広（秀忠孫亀鶴）の縁組がみられる。この中で池田氏に注目してみたい。

慶長一八年（一六一三）に池田輝政が没すると、輝政と督の子忠継《ただつぐ》は岡山に加え、姫路

【徳川家と中国地域外様大名の縁戚関係】

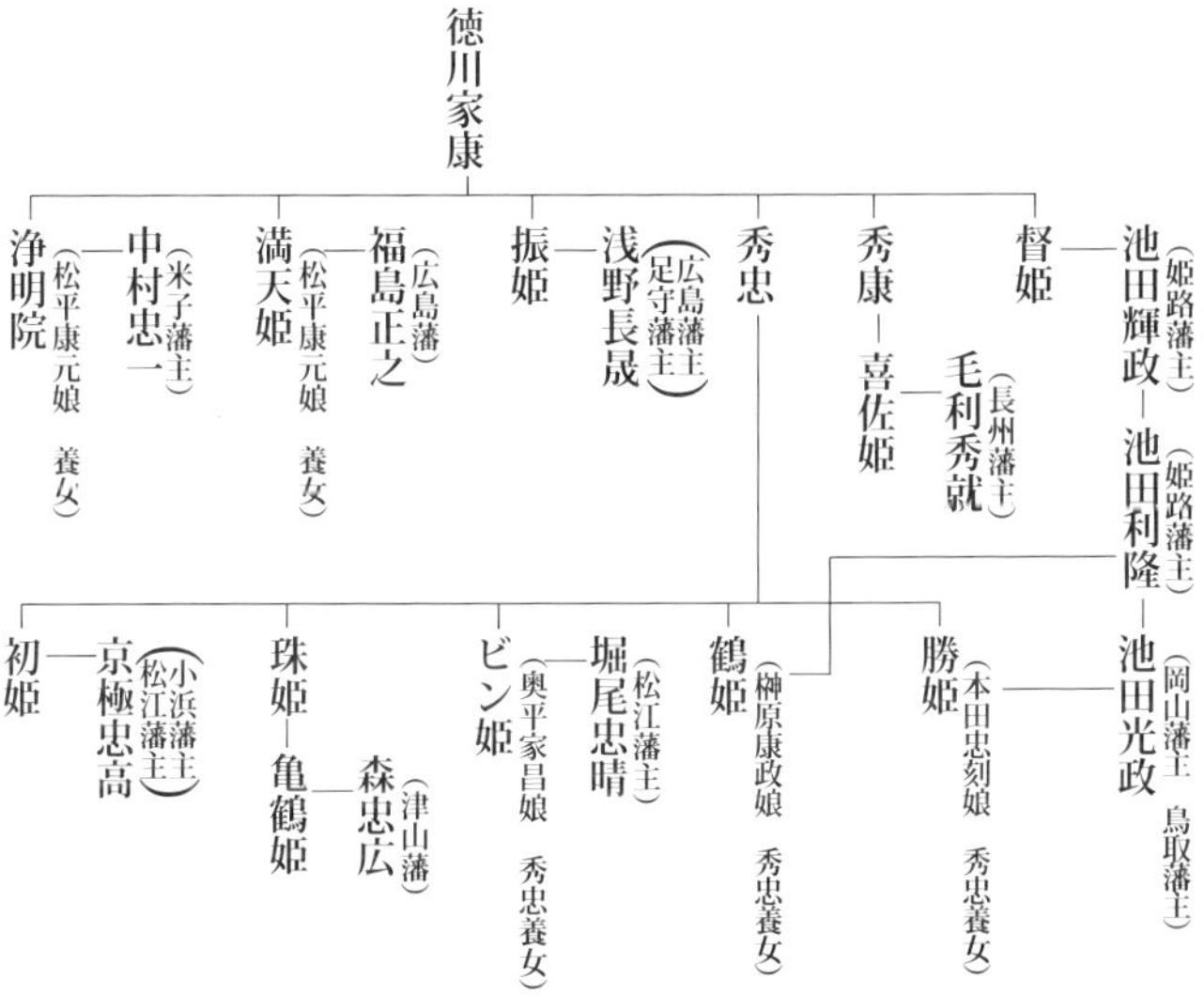

（注／系図には本文に関係する人物のみ掲載した）

藩領の一部を分与され、石*高三八万石となった。姫路藩は長男利隆（母は中川清秀娘）が相続したものの、石高は四二万石に減った。この処遇は、家康の外孫忠継の厚遇であるとともに、豊臣系大名池田氏への牽制策だったものと考えられる。ところが、慶長二〇年、忠継は一七歳の若さで没した。忠継の死因をめぐって、毒饅頭事件と呼ばれる逸話が残されている。忠継の母督が我が子による輝政の遺領独占を謀ろうとして、利隆に毒饅頭を食べさせようとしたが、母の企みを知った忠継がその饅頭を食したため、企みの失敗を悟った督自らも毒饅頭を食し、督、忠継

＊石：太閤検地以降、土地の生産高を米の量に換算して表示したもの。

が相次いで没したとするものである。この逸話の信憑性は低いが、幕府が利隆に対して警戒感を抱いていたことは事実であり、元和二年（一六一六）の利隆の死没後、嫡子光政は鳥取へと移された。幼少であるとの理由であったが、母鶴は養女とはいえ秀忠との血縁はなく、光政が徳川家の血筋を引いていなかったことも一因と考えられる。

ところが、忠継の跡を継いだ弟忠雄（母は督）が寛永九年（一六三二）四月に没すると、嫡子光仲と光政の国替えが行われた。光仲は、母も徳川家康養女（家康の長男信康の孫娘）の娘であり、父方、母方ともに家康の血筋を引いていたが、祖母督のほか、秀忠も寛永九年一月に没していた。一方の光政は、その室に秀忠の孫娘勝を迎えており、勝の母天樹院《てんじゅいん》（秀忠の娘千）も存命中で、天樹院は秀忠嫡女として厚遇されていた。このような縁戚関係も国替えに影響したものと考えられるが、光政の鳥取移封*は家康の死没直後、光政と光仲の国替えは秀忠の死没直後であり、父の死により名実ともに最高権力者となった秀忠や家光の権力誇示策の一環という面も見受けられる。

幕藩体制安定期の幕府と藩

このような「二重の自律性」克服をめぐる幕府と藩、あるいは藩内の緊張関係は、四代将軍家綱以降の文治政治への転換によって緩和された。国内外の平和と安定の到来により、

＊移封：大名の領地を他へ移すこと。国替え、転封も同じ。
＊本藩：江戸時代の藩主家の領土。

徳山藩庁跡（周南市文化会館）写真提供：周南市美術博物館

武威による統制は後退して、儀礼が重視された。儀礼を通じて身分制が強化され、個人の人格ではなく、身分や地位そのものに権威が認められるようになった。すなわち、家筋が尊重され、大名の「器量、器用」は不可欠とされなくなる。

一方で、身分や地位そのものの権威化に伴い、本藩と支藩*の関係も変容していく。長州藩の支藩徳山藩は、毛利輝元の次男就隆《なりたか》を初代とする。就隆の別朱印*発給運動（事実上の独立運動）や手伝い普請の拒否によって、萩藩主秀就から就隆が「不通」（絶縁）を宣言されるなど、徳山藩と長州藩の関係は良好とはいえない状況にあったが、長州藩の穏便な対応により決定的な対立を避けてきた。ところが正徳五年（一七一五）、両藩の境界にあった万役山《まんにゃくやま》の松の木の伐採をめぐる争いを契機に、長州藩は謝罪を拒否した徳山藩主毛利元次の所業を将軍に訴えた。その訴状には「本家へ対し礼を相忘れ、非理に募り、常々の勤めも疎略に仕る」とある。その結果、幕府は正徳六年、徳山藩を改易処分とした（三年後に再興）。この処分は本藩の独断によるものではなく、幕府の介在により決着しており、宗家という地位に絶対性が認められるようになったことを示すものといえよう。

＊支藩：藩主家の一族が、弟や庶子など家督相続のない者に所領を分与して成立させた藩。
＊朱印：江戸時代において、将軍や大名などが命令などの公的書類に朱色の印影を押した。その文書を朱印状といい、略して朱印とも呼んだ。

幕藩体制解体期の幕府と藩

このような幕府と藩（とりわけ本藩）の蜜月関係は、領主階級が農民などを支配して生産物を収取する体制を根幹としていた。ところが、一八世紀半ばごろになると、富農、豪農階級が中間で富を蓄積していったため、幕府や藩の財政は悪化し、また、天明、天保の大飢饉によって多くの農民が貧困化した。幕府は天保の改革（一八四一～四三年）によって事態を打開しようとしたが、挫折に終わり、将軍権力は弱体化していった。

また、一一代将軍家斉には多くの子女があったため、徳川一門への養子、有力外様大名との婚姻によって、将軍権力の強化を図ったとされる。中国地域においては、鳥取、浜田、津山の各藩が養子を迎えたほか、鳥取（池田斉訓《なりみち》室）、広島（浅野斉粛《なりたか》室）、長州（毛利斉《なり》広《とう》室）の各藩が将軍家と縁戚を結んだ。大名家にとっては、財政の悪化につながるケースもあった一方、家格、官位の上昇というメリットがあった。これらの縁組は、諸外国船の来航増加などの海防問題への対処を睨んだものであり、幕末における徳川斉昭《なりあき》の子による養子縁組（鳥取、浜田、岡山）も同様の意図があったとされる。その結果、将軍権力の強化という狙いとは異なり、長州藩などの幕末雄藩勢力の台頭を招いた。

そのような状況下において惹起《じゃっき》した幕末の条約調印問題や将軍継嗣問題が幕藩体制を崩壊に導く。関ヶ原の戦いの復讐として長州藩が明治維新を主導したとする見解は短絡的に過ぎる。長州藩の新年参賀においては毎年、幕府打倒の可否が諮《はか》られていたとされるが、確認できない。長州藩も幕藩体制を支えてきた一員であり、そのような幕府と藩が一体となって形成していた幕藩体制を打破することによって、明治維新は成し遂げられたと評価すべきであろう。

藩の盛衰の帰趨は藩主の力量によって左右される。
改易や移封などにより消滅した藩もあるが、
窮乏する藩の財政を見事に立て直し、
大いに繁栄した藩も少なくない。
殖産興業に努め、教育を奨励し、文化を育んだ
優れた名君や実力者の功績を探る。

岡山城 写真提供：岡山県観光連盟

第2章

名君たちの偉業、時代を動かした実力者たち

第1節

名君たちの偉業

1 剛毅かつ英明な稀代の名君、池田光政 ［一六〇九～一六八二］岡山藩、鳥取藩

浅利 尚民
林原美術館学芸課課長

姫路、鳥取、岡山の三藩主を務める

岡山藩主池田光政《みつまさ》は、近世前期の名君として知られている。光政は実質的な初代岡山藩主であり、初名は幸隆《よしたか》といい、のちに三代将軍徳川家光から一字を賜り光政と改めた。自身は通称の新太郎を好んで使用している。関ヶ原の戦いで活躍し、姫路藩五二万石の藩主となった池田輝政《てるまさ》の嫡《ちゃく》孫《そん》であり、父利隆は、元和二年（一六一六）に三三歳で早世したため、当時八歳だった光政が遺領である姫路藩四二万石を相続したが、翌年、幼少を理由に鳥取藩三二万石へ移封された。

池田光政　画像提供：林原美術館

寛永三年（一六二六）八月、二代将軍徳川秀忠の上洛に随行し、

左近衛権少将《さこのえごんしょうしょう》に任じられた光政は、翌九月に行われた後水尾《ごみずのお》天皇の二条城行幸に際し、一八歳の若き鳥取藩主として供奉《ぐぶ》している。二年後の寛永五年には、本多忠刻《ほんだただとき》と千姫（徳川家康の孫）の娘である勝子（円盛院《えんせいいん》）と結婚するなど、徳川将軍家からの信頼も厚かった。寛永九年、岡山藩主だった叔父の池田忠雄《ただお》が死去し、忠雄の嫡男光仲が幼少だったため、光政と光仲の国替えを命じられ、岡山藩三一万五二〇〇石の藩主となった。寛永一八年、幕府は各大名家に自家の系図を提出することを求めたが（いわゆる寛永諸家系図伝）、このとき岡山、鳥取両池田家を主導して取りまとめたのは光政であった。光仲の家臣団が、光政を頼って相談をもちかけていたことも知られており、光政は池田一族を取りまとめる惣領的立場に立っていたといえよう。

正保《しょうほう》二年（一六四五）には、特に許されて東照宮を岡山に勧請《かんじょう》したが、この東照宮の祭礼行列は、江戸時代を通して岡山藩の最大の祭りとして民衆にも親しまれた。また幕府政治に関する意見を徴《ちょう》されることもあり、慶安《けいあん》元年（一六四八）に三代将軍家光が日光社へ参詣した際には、後の四代将軍徳川家綱《いえつな》を守護するため、江戸城の留守居を託されるなど、家光からの信任も厚かった。

熊沢蕃山《ばんざん》を重用し藩政改革

光政が幼少時からさまざまな教養を身に付けていたことは、自筆の和歌集や絵画、墨書などが多く現存していることから明らかである。

光政が特に励んだのが儒学である。中江藤樹の学問に感銘を受けた光政は、慶安三年（一六五〇）には、藤樹の弟子の熊沢蕃山を三〇〇〇石の番頭に抜擢し、理想とする政治を行うため藩政に参画させた。以降、岡山城下を流れる旭川の中洲の花畠に、蕃山や藤樹門下の陽明学者を集めて花園会を組織させ、藩士らの教育に当たらせるとともに、自らも学問に精励した。

承応《じょうおう》三年（一六五四）、備前国で未曽有《みぞう》の大洪水が発生すると、被災した民衆の救済のため、天樹院（千姫の出家後の法名）から四万両を借用し、併せて藩主権力の強化を行い藩政の改革を実行した（承応・明暦《めいれき》の改革）。明暦元年（一六五五）、蕃山は仕置家老との対立から隠退したが、蕃山の願いにより光政三男の八之丞（のちの輝録《てるとし》）を養子に遣わした。寛文元年（一六六一）、蕃山が八之丞との不仲から京都に去ると、市浦毅斎《いちうらきさい》ら多くの朱子学者を岡山へ招いた。

寛文六年一一月、他藩に先駆けて藩校の前身にあたる仮学校を設け、寛文九年七月二五日には藩校の開校式を行った。このとき、すでに播磨国明石に居住していた蕃山が、光政の招きにより開校式に参列した。蕃山は中江藤樹筆の「至聖文宣王」の書軸（林原美術館所蔵）を持参して掲げ孝経《こうきょう》を誦《しょう》している。久しぶりに再会した光政と蕃山の気持ちは、どのようなものであっただろうか。

同年閏一〇月三日に、佐々木志津摩《しづま》筆「学校」の大字の扁額《へんがく》を藩校に掲げている。この扁額は元となった本紙と共に現存しており（林原美術館所蔵）、唐の有名な書家顔真卿《がんしんけい》を思わせる堂々とした唐様の大文字で、光政の教育にかける意気込みがしのばれる。同じころ、一二三か所にも上る郡中手習所も設置した光政は、それらを一つにまとめ、庶民の子弟の教育を行う閑谷《しずたに》学校も開学した。藩内における光政の教育関係施設の造作は、ここに結実したのである。同年一二月、京都妙心寺の塔頭《たっちゅう》である護国院の墓所から、祖父輝政と父利隆の遺骨を引き取り、翌年には和意谷《わいだに》敦土山《あづちやま》（岡山県備前市）に儒式の墓所を営み改葬した。

寛文一二年、四一年間務めた藩主を隠居した光政は、藩主の座を嫡男綱政に譲り、次男政言《まさこと》に二万五〇〇〇石、三男輝録に一万五〇〇〇石を分知《ぶんち》して、それぞれ鴨方《かもがた》藩と生坂《いくさか》藩を立てさせ岡山藩の支藩とした。隠居後も、和意谷墓所や閑谷学校などの維持に心を使い、それらの存続を津田永忠《ながただ》らに遺言して、天和二年（一六八二）に岡山城西の丸で七四歳の生涯を閉じた。葬儀は儒式で行われ、和意谷の墓所に葬られた光政は、芳烈公《ほうれつこう》と諡《し》された。

常服、具足、自筆の書跡など、遺品の多くは光政が創設した藩校と閑谷学校へ納められた。

2 海の向こうを見据えた 鹿野藩主亀井茲矩

［一五五七〜一六一二］鹿野藩

大嶋　陽一
鳥取県立博物館主任学芸員

戦国大名尼子氏の滅亡

亀井武蔵守茲矩《これのり》は、はじめ湯新十郎《ゆ》といい、弘治《こうじ》三年（一五五七）に出雲国意宇《おう》郡湯之《ゆの》庄《しょう》（島根県松江市玉湯町）に生まれた。父は戦国大名尼子氏の家臣であった湯永綱、母は同じく尼子氏家臣多胡辰敬《たこときたか》の次女であった。

茲矩の幼少期の出雲は激動の時代であった。戦国期、中国地域に覇を唱えた主家尼子晴久が永禄三年（一五六〇）に四七歳で急死してしまい、以後、尼子氏は衰退の一途をたどる。永禄九年、富田《とだ》城（島根県安来市広瀬町）が毛利元就軍によって落城され、ついに尼子氏は滅亡してしまう。

しかし、永禄一二年、尼子遺臣の山中鹿之介幸盛《しかのすけゆきもり》らは尼子勝久を担ぎ、尼子氏再興を目指し挙兵する。茲矩の父永綱もこの挙兵に参加したが、富田城において戦死したという。

父を亡くした茲矩は旧臣に養育されたのち、伊予国（愛媛県）などを流浪することになる。

尼子氏再興を目指す山中幸盛や尼子勝久らは、一時出雲や西伯耆を手中に収めるが、毛利氏の反撃を受け、当時、因幡、但馬へと主戦場を移していた。

天正元年（一五七三）、茲矩は幸盛と合流し、ともに私都《きさいち》城（鳥取県八頭《やず》町）を拠点に毛利氏と戦った。こうした戦いのなか、天正二年、茲矩は幸盛の養女時子を娶《めと》る。時子は、実は尼子氏家老の亀井秀綱の娘で、その姉は幸盛の妻であった。幸盛と茲矩は義理の兄弟となり、ふたりの関係は強固なものとなるとともに、茲矩はこれを機に苗字を「湯」から「亀井」へと変えた。

因幡での尼子氏再興の動きも、毛利氏の度重なる攻撃により、徐々に後退し、天正五年、吉川《きっかわ》元春の軍勢により因幡を追われた一行は京都に向かった。そこで幸盛、茲矩らは織田信長に謁見しその配下となった。当時、信長は羽柴秀吉に播磨侵攻を命じており、幸盛、茲矩らはそれに付き従うことになった。しかし、その途次、上月《こうづき》城（兵庫県佐用町）において、吉川、小早川、宇喜多の連合軍との戦いに敗戦する。城内に立て籠もっていた幸盛は捕縛され、尼子勝久は自害してしまう。のち、幸盛は護送中の阿井《あい》の渡し（岡山県高梁市）で殺害され、尼子氏再興の夢は茲矩に引き継がれた。

琉球《りゅうきゅう》守と台州《だいしゅう》守

後見ともいうべき幸盛を失った茲矩は、なおも秀吉配下として、但馬、因幡方面への侵攻に従う。天正八、九年（一五八〇、八一）二度にわたり行われた鳥取城（鳥取市）攻めでは、因幡と伯耆の国境にあった戦略上重要な城である鹿野《しかの》城（鳥取市鹿野町）を死守し、戦後、秀吉から因幡気多《けた》郡一万三八〇〇石（一万三五〇〇石とも）を拝領、のちの鹿野藩の端緒となった。また、茲矩には、天正九年に織田信長から出雲一国を与える安堵状《あんどじょう》が出された。出雲は旧主尼子氏の本拠地であり、茲矩にとっては念願の地であった。

天正一〇年、本能寺の変が起こる。当時、備中高松城（岡山市北区）攻めを行っていた秀吉は毛利方と講和を結び、急ぎ上方を目指して行軍する。いわゆる中国大返しであるが、その途次姫路において茲矩は秀吉に謁見している。

先に茲矩へ与えられた出雲一国の安堵状は、毛利氏との戦後交渉で出雲が毛利氏の領地と決したため反古とされた。秀吉は、茲矩に新たな替地を約すが、茲矩は琉球国（沖縄県）の拝領を望み、秀吉はその場で金団扇《うちわ》に琉球守と記しそれを与えたという。

茲矩は、秀吉の天下となったのちも忠実にその軍役をこなし、九州攻めや朝鮮出兵、大坂城普請などを行っている。文禄の役（文禄元～二年）では、琉球侵攻が島津家の動きで事実上不可能になると、今度は秀吉に台州を望んでいる。この台州とは、中国の浙江省台州のことで、天正二〇年ごろには台州守という受領《ずりょう》名を名乗っている。

新田開発と殖産興業

慶長五年（一六〇〇）の関ヶ原の戦いで茲矩は、因幡国内の領主として唯一徳川家康に味方し、論功行賞で因幡高草《たかくさ》郡二万四二〇〇石の加増を受け、合わせて三万八〇〇〇石を領する。また、慶長一四年には、伯耆国久米《くめ》および河村郡内に五〇〇〇石を加増され、合計四万三〇〇〇石を領有することになった。

茲矩の治政で最初に行ったのは新田開発である。近世初期は、全国的に新田開発が盛んに行われ耕地面積が格段に増加したとされている。茲矩は日光池（鳥取市気高《けたか》町）、小沢見《こぞみ》池（鳥取市）など領地沿岸の潟湖を中心に埋め立てを行っている。さらに、大井手《おおいで》用水を開削し、灌漑施設を整えた。また、鉄山や銀山開発、植林など殖産政策も行っている。特に、鉄山と銀山開発はかなり盛んに行ったようで、文禄四年（一五九五）には白領でない伯耆国日野郡（鳥取県日南町）の銀山開発を豊臣秀吉から命ぜられている。

数ある茲矩の業績のなかでも全国的に特筆されるのは、やはり「朱印船貿易」であろう。朱印船貿易とは、織豊政権期から江戸時代初期にかけ行われた対外貿易で、豊臣政権および江戸幕府は海外渡航証として異国朱印状を発行し渡航させた。渡航先は東アジアや東南アジアで、渡航家のほとんどが九州と近畿の大名や商人であった。

茲矩は、慶長一二年（一六〇七）の西洋《さいよう》（現在の東南アジア）行き、同一四年と、同一五年のシャム（現在のタイ王国）行きの全三回の朱印状の発給を受け、海外渡航している。朱印船には、直接茲矩が乗り込むことはなかったが、家臣を船長として乗船させ、長崎の出張所から出船させていた。

輸入品については、輸入品目録から蘇芳《すおう》（染料）、沈香《じんこう》、麝香《じゃこう》（ともに香料）、鮫皮、綸*《りん》子《ず》、羅紗《らしゃ》、象牙《ぞうげ》、ビードロ、シャム鉄砲、生きた孔雀《くじゃく》などがあったことが知られる。一方で輸出品については同時代史料がないが、おそらく当時生産の最盛期を迎えていた石見銀山（島根県大田市）の銀が最大の輸出品であったのではないかと推測される。

慶長一七年、亀井茲矩は波乱の人生を終えた。五六歳であった。法名は「中山道月大居士」で、法名中の中山とは琉球のことを指すとされ、彼らしい戒名となっている。茲矩の死から五年後、息子の政矩《まさのり》が元和三年（一六一七）に津和野（島根県津和野町）へ転封となり、亀井家は明治維新まで津和野藩主として続いていくことになる。

＊綸子：しゅす織りの地にその裏組織で地紋を織り出した絹織物。

3 全国を放浪後、福山城下を築いた水野勝成 ［一五六四〜一六五一］福山藩

皿海　弘樹
福山城博物館学芸員

福山城を築城し、城下町も建設

福山藩初代藩主である水野勝成《かつなり》は永禄七年（一五六四）に三河国岡崎に徳川家康の従兄弟として生まれ、父忠重《ただしげ》との不仲から各地を放浪するとともにあまたの戦場を駆け回り、猛将として名を馳せた戦国武将である。

慶長五年に父忠重の不慮の死により家督および刈谷《かりや》三万石を継ぐことで領主としての道を歩みはじめ、元和元年に六万石で大和郡山に移封となった後、元和五年、広島藩の福島正則の改易により同年福山藩に一〇万石で転封となる。

当時の中国地域は長府の毛利氏、広島藩の浅野氏、岡山藩の池田氏と名だたる外様大名が封じられており、まさに楔《くさび》を打ち込む形で、中国地域初の譜代大名として「西国鎮衛」の使命を担って入封することとなった。

勝成は入国すると早々に城郭および城下町の候補地を選定すべく領内をくまなく巡視し、現在福山城が築城されている常興寺山に定めた。ここは芦田《あしだ》川のデルタ地帯であり、

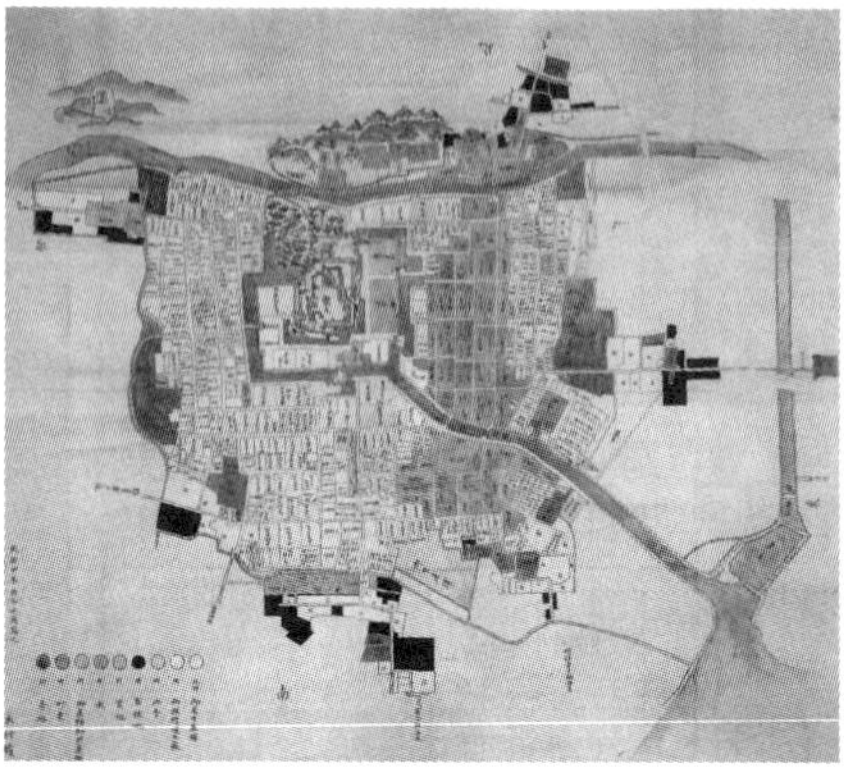

天保四年福山御城下図　画像提供：福山城博物館

城背の北側を山陽道が通る。また南面は内海に臨み、外港の鞆《とも》の津など、海陸共に交通の要衝地であった。

まず常興寺山とその背後にある永徳寺山との間を切り抜いて芦田川から分流させた吉津《よしづ》川を、城北側である*搦手《からめて》に流すことで自然の要害とし、さらに吉津川を起点に内外に二重の堀を構えた。五層六階の天守と二〇を超える櫓《やぐら》を持つ強固な城であった。

また、築城と同時に城下町の建設も行われている。デルタ地帯を利用して城下をつくるということは当然干拓を繰り返して徐々に土地と町を誕生させることであった。つまり、海を埋め立て、まったく新しい都市計画の下に侍屋敷や商工人の居住区域である町屋敷、寺屋敷などの設定を行った。『天保四年福山御城下図』によると、侍町は外堀を囲む形で西および南側に拡がり、町屋敷は城の外堀の東側に南北に長く区画して定められている。また、有事の際に防衛上の拠点となる寺社は城下町を囲む形で東西南北各地、主に東側に配されるとともに寺町を形成している。

この新開築調は藩主体で行われており、土木工事の資金不足を補うために寛永七年

＊搦手：城や砦の裏門。陣地などの後ろ側。

（一六三〇）に全国に先駆けて藩札を導入していることなどからも、その並々ならない意欲をうかがい知ることができる。元禄ごろには三万石分の増加新開を得ることとなり（水野氏断絶の際に三万石は天領として査収されているため、福山藩の一〇万石は変わらない）、またこのような新開築調はのちの藩主にも引き継がれ、現在の福山市の基礎を築き上げている。

町屋敷の成立と入川の活用

勝成は町人町活性化のため「町並み望みしだいに敷地を開く」ことを許し、地子《じし》（地代）、諸役免除の特典を与えて来往を奨励した。そのため、国内はもとより近国からも多くの来往者があり、城下は活気に溢れたという。

またそれらは町名からも知ることができ、勝成に付き従い大和郡山から移住してきた商人、奈良屋才次郎が住居を構えた地区は奈良屋町とそのまま町名として使われている。また、備中笠岡からの移住者が住居を構えた地区は笠岡町として現在もその名が残っている。

そのほかにも桶屋町、大工町など恒常的な藩府の御用のほか、武士や町人、農民の需要を満たすために職人の居住を地区ごとに定め、町人と同様に地子およびそのほかの諸役を免除した。その結果建設当初は一二町*であったが、商業の繁栄や人口増加とともに四代勝

＊町：１町は約１平方メートル。10反は１町。

種の代には三〇町にまで増えている。

また、町人町の発展に入川の存在も大きく関係した。福山城南東側の外堀は入川として海につながっており、物流に大いに役立っていた。寛永一七年（一六四〇）ごろ築《つ》切りで仕切られることとなるが、それまでは外堀を通り城北門前まで漁船で入ることができ、そこで魚を荷揚げして商売していたといわれる。河口には、藩府の舟入《ふないり》が設けられており、藩船を繁《しげ》くするとともに、その周囲は船奉行をはじめ、船頭の屋敷があてられていた。

山陽道につながる町人町北の道筋に惣門*と番所が設置され、この惣門を潜ると一直線に入川にかけられた本橋に達するように本町、下魚屋町などの商家を設けた。さらに本橋を渡ると、神島村の市場商人が移住してつくられた神島町に到達するようになっている。のちに新橋と呼ばれる二本目の橋が架けられ、この二本の橋で町人町を結び付けるとともに、入川を中心に水利を利用し、町の経済的機能を集積している。

生活用水確保のため、上水道を敷設

さらに福山藩最大の特徴に上水道の敷設がある。これは築城後間もない時期に敷設されており、江戸神田水道から数えて日本で四番目に古いといわれている。福山城下町はデルタを利用して築かれているため、井戸水に海水が差し込むことが多くあった。そのため、

＊惣門：外構えの大門。城などの正門。

生活用水の確保が必要不可欠であった。城西側を流れる芦田川から人工的な川をつくり水を引き入れ、北西側の蓮池と呼ばれる貯水池に溜め込んだ。塵埃を沈殿させるとともに、この蓮池を拠点に計四か所の取水口を設けて外堀や城下町に向けて水道を流している。

この蓮池は今でいえばダムのような役割を果たしていたといえる。蓮池から導かれた水路は木管や土管を用いて、侍屋敷や町人町の道路の真ん中に掘られた溝を通り、さらに町の主要なところにつくられた堀溜から自由に水が取れるようにしていた。この溝から各屋敷裏へ自力で水を引き、自由に使用できるようにし、各々分水して水道は増設された。このように水野勝成が進めた城下町の建設は水利を利用するなど、もっぱら水に関わることで行われているのである。

4　知られざる江戸時代中期の名君、長州藩主毛利重就［一七二五～一七八九］長州藩

道迫　真吾
萩博物館主任学芸員

長州藩の経済を再建

一八世紀後期、すなわち江戸時代の半ばを過ぎたころ、全国各地に名君と称される藩主

たちが輩出した。その代表は米沢藩主の上杉治憲《はるのり》（鷹山《ようざん》）、熊本藩主の細川重賢《しげかた》、秋田藩主の佐竹義和《よしまさ》の三人である。彼らは、殖産興業の推進を中心とする藩政改革を実施して財政難を克服したことや、藩校を設立して教育にも力を入れたことで共通している。ところが、同時代における長州藩（萩藩）の藩主は案外知られていないのが実情だ。

その知られざる長州藩主の名を、毛利重就《しげたか》という。重就は、上杉治憲らに決してひけをとらない実績を挙げている。江戸時代中期に長州藩を中興した名君だったのである。

重就が実施した藩政改革は、その当時の年号が宝暦であったことから、宝暦改革と呼ばれる。改革の骨子と特徴を簡潔に記すと、検地を行って石高四万石以上の新たな財源を得たことにより、撫育方《ぶいくがた》を興し、新財源を活用して瀬戸内側の干潟に広大な開作地を造り、塩業を興して別途資金の増殖を図るというものであった。撫育方で増加した利益は、幕末、軍艦や銃砲など武器の購入に役立てられたともいわれている。長州藩の藩政改革といえば、天保改革が有名であるが、重就の宝暦改革も見過ごしてはならない。

毛利重就は、元は長府藩《ちょうふ》（長州藩の支藩）の八代藩主であった。しかし、宝暦元年（一七五一）長州藩主毛利宗広《むねひろ》が没すると、男子がいなかったため重就が毛利宗家を継ぎ、七代長州藩主となる。宗広の時代、長州藩は利根川の手伝普請による巨額の出費を強いられ、また洪水などの天災により凶作が続いていた。そのために、重就が藩主に就任した当時、藩は銀約三万貫目にも上る負債を抱えていた。重就はこの難局を打開すべく、宝暦二年、藩政に精通した坂時存《さかときもり》、長沼正勝、山県昌貞《やまがたまささだ》の三人から意見を聴取し、翌年以降、財政打開策を次々に講じた。

ところが、宝暦八年、負債は四万貫目を突破した。重就は同年、毛利一門の毛利広定《ひろさだ》（右田《みぎた》毛利家）を当職（国元家老）に任じ、改革を本格化する。広定は重就の実兄で、宝暦三年から翌年にかけても当職に就いており、再登板の形である。広定は、当職再任後間もなく、当職裏判役*兼記録所役の高洲就忠《たかすなりただ》、老臣の坂時存に意見を求めた。これに対して高洲は、機構改革、役人や経費の削減などといった具体策を建言した。坂は、他領借問題の解決、宝蔵銀の増蓄、備荒貯米の充実、検地の実施、良港の設置、田畠の開作、馳走米銀の再検討という七ヵ条からなる建白書を提出した。これらの意見は、藩政改革の基本方針とされた。

さらに宝暦九年、重就の意向を受けた広定は、坂時存、羽仁正之、佐々木満令《みつよし》、粟屋勝之を「御前仕組方*」に任じ、仕組方役所での勤務を命じる。それから間もなくして重就は、萩城内の洞春寺《とうしゅんじ》に詣でて、毛利元就の霊位の前で藩政改革を断行することを宣言した。このように、重就は、毛利広定、高洲就忠、坂時存らの優秀なブレーン集団を形成することによって、宝暦改革を実行に移すことができたのである。

＊裏判役：当職（国元家老）を補佐して案件を処理する役。
＊御前仕組方：藩主直属の財政を司る役所。

撫育方の設置と積極経済政策

重就は、宝暦一一年（一七六一）、高洲就忠らの意見を受け、貞享《じょうきょう》三年（一六八六）以来七五年ぶりとなる検地を実施する。この宝暦検地は、貞享検地以後に開発された塩浜や開作地の石盛などを年貢増徴の対象とするもので、宝暦一二年に終了した。その結果、長州藩は新たに四万一六〇〇石余の増高を得たのである。

そこで重就は宝暦一三年、この新たな財源を本会計とは別途の会計とし、撫育方を設置して資金の運用を図る。撫育方はこれ以降、新田や塩田の開発、港町および港湾の設置や整備、米穀市場の創設など新しい経済政策を次々に展開し、藩政改革の中枢機関となった。

撫育方が初めて開発した塩田としては、明和《めいわ》四年（一七六七）に三田尻浜（山口県防府市）の隣接地に完成した鶴浜開作二三町四反（約二三・四平方メートル）がある。これ以降、瀬戸内には続々と塩田が開発された。また、撫育方は新しい港湾の整備も推進した。長州藩は、防長両国（周防、長門）内の中心的な良港である赤間関（下関）を長府領に、柳井を岩国領に与えていたため、本藩領内には米の売りさばきを行える港がなかったのである。撫育方は、本藩領に属していた赤間関西端の伊崎に注目し、明和五年に伊崎新地を完成させた。伊崎には越荷方《こしにがた》を設置し、他国回船の積荷を一度陸揚げさせ、商談が成立するまでそれを質物として銀を貸したり、倉庫の賃料を取ったりした。このほか、撫育方は中関や室積などの港も整備し、本藩領の港湾を充実させた。

こうして積み上がった撫育方の備蓄は巨額に上った。明治四年（一八七一）、撫育方には金換算で約一〇〇万両が残り、うち七〇万両が朝廷へ献納されたというのである。

以上のように長州藩の宝暦改革は、殖産興業への強い意欲を持つ藩主毛利重就の下に有能な藩士が結集して行われた、トップダウン型の改革であったと評価することができる。

5 藩の財政を再建し、茶文化を発展させた松平治郷（不昧）

［一七五一〜一八一八］松江藩

西島　太郎
松江歴史館学芸員

諸政策が失敗に終わった松江藩

松江藩松平治郷《はるさと》（不昧《ふまい》）といえば、茶の湯の世界に大きな足跡を残した人物としてよく知られている。しかし治郷は藩政改革を成功に導いたという点でも、ほかに類を見ない殿様であった。

松江藩は江戸時代前期の一六〇〇年代からすでに、一年の収入の三分の一が足りなくなる赤字財政であった。早くから奢侈《しゃし》禁止、家臣への俸給の半減、借金、藩札の発行で支出を切り詰めたが収入の目途はなく、一七〇〇年代には米価の下落や天災で財政はさらに逼迫し、年貢を増徴したため農民一揆も頻発した。藩は藩政改革の必要に迫られ、治郷の父の六代藩主宗衍《むねのぶ》と補佐役の小田切備中《おだぎりびっちゅう》による延享《えんきょう》の改革が断行された。しかしその政策の多くは失敗に終わった。

例えば、民間からの出資金を元手に一般の人々に貸し付け、利益を藩と出資主で折半する業務を行う泉府方《せんぷかた》を設けたが、資金繰りに行き詰まり廃止となる。また長期分の年貢前納の見返りに、以後の年貢を免除する「義田《ぎでん》」法を定めたが、翌年から義田分の年貢収入が減少し、農民に土地所有権を与えてしまうという問題を残した。比較的成果を挙げたのが櫨《はぜ》の実を搾り生み出される蠟《ろう》生産で、生産者は櫨の実の半分を藩へ上納し、櫨畑の土地は無年貢としたため、一四年間で櫨の木一六万七〇〇〇本を植えるに至った。

松平治郷（不昧）肖像画　文政元年（1818）年ごろ　月照寺蔵（島根県松江市）
画像提供：松江歴史館

これらの諸政策を二〇年間試みたものの行き詰まりを見せ、幕府からの比叡山山門修理の命とも重なり、江戸では商人から一両さえも借金できず、「出羽様《でわさま》（松平宗衍）御滅亡」

と噂された。新たに仕置役《しおきやく》＊となった朝日丹波の提案で三八歳の宗衍は隠退、子の治郷が藩主となった。一七歳の藩主である。

治郷の代で借金の約半分を返済

家督を継いだ明和四年（一七六七）から治郷は、朝日丹波と共に新たな藩政改革に取り組む。この改革は政治上の新機軸を立てるという意味で「御立派《おたては》」の改革といわれた。その内容は、江戸屋敷の経費削減、一〇〇〇人近い下級藩士の罷免と職務兼務による人員整理、民間の借金を一方的に破棄する「闕年《けつねん》」の実施、先の改革で失敗した「義田」の没収など、利子を生む借金はしないことを方針とした。

これらの諸政策により藩財政は持ち直し、治郷の代で約半分の借金を返済し、計七二年間で四九万両を完済した。借金の返済は一般会計に手を付けず新たな増収分で行った。かつて、治郷は茶道具を多く購入して藩の財政状況を顧みなかったといわれていたが、治郷は藩の一般会計には手を付けず、自ら私的に動かせるお金だけで茶道具をそろえていたのである。

治郷の晩年には、小村茂重《おむらもじゅう》が御種人参《おたねにんじん》（朝鮮人参）の栽培方法を幕府の栽培地である下野国日光で苦難の末に伝授され、出雲国での栽培に成功した。藩は人参方《にんじんかた》を設け、藩外

＊仕置役：藩政のすべての実権を掌握する役。

へ売り出すとともに、長崎を通じて清国にも輸出し莫大な利益を生み出した。藩の借金は、治郷の諸政策により返済が軌道に乗り、さらに御種人参の栽培成功で返済は早まった。借金を完済した松江藩は、幕末には他藩に先駆けて二艘の西洋軍艦を購入するまでに至る。

茶の湯の文化を醸成

治郷の功績は、藩政改革を成功に導いただけではない。茶道具、焼き物、和菓子といった今に息づく茶の湯の文化を残したことでも評価できる。

治郷は、一七歳のころから茶道を学びはじめ、一八歳のときに将軍家や大名家の茶法、石州《せきしゅう》流の茶道を正式に学び、一九歳で禅学を江戸の大徳寺派の天真寺の大巓《だいてん》和尚に学んだ。そして二〇歳にして、茶道界の現状を批判しながら茶道の本意を説いた『贅言《むだごと》』を著す。藩主として藩政改革の最中であったことが背景にある。奢侈にならない「知足の道」を説き、茶の湯が治国の道にも通じること、堕落した茶道界の現状を批判して茶道の根本を説いた。

「不昧」の号は、二一歳のときに大巓和尚に決めてもらった。この言葉は、禅問答の際の公案（問）のなかにあり、「昧《くら》まされず」（物欲などに心がくらまされないこと）という意味がある。そして治郷は、茶道と禅道は違うものであるが、茶道の理想とする人間像や美が、禅のそれと同等なため両者は一味《いちみ》であるとする「茶禅一味」の境地に至る。

　また茶道具を徹底的に研究し、茶道具の解説書『古今名物類聚《ここんめいぶつるいじゅう》』全一八冊を著した。茶道具を実際に見ることや文献から、道具の大きさ、所蔵者、図、附属物まで詳細に調査し、その成果を九年かけて刊行したもので、「大名物《おおめいぶつ》」「中興名物《ちゅうこうめいぶつ》」などの分類は現在でも生かされている。子の月譚《げったん》に宛て藩主としての心得を記した遺言譲状《ゆいごんゆずりじょう》には、圜悟墨蹟《えんごぼくせき》、油《あぶら》屋肩衝《やかたつき》は「天下の名物にて日本国の宝物」であるので、代々大切にするよう厳命している。

　さらに茶の湯を通じ、工芸などさまざまな分野で職人の育成に努め、自らの好みに沿った名品を創作させた。三代藩主綱近《つなちか》の代に、楽山《らくざん》焼の祖である倉崎権兵衛を長門国萩から呼び寄せ、陶工の加田半六も招聘し、焼き物の技術は出雲に根付いていた。治郷が登用した長岡貞政は、楽山焼の中興の祖となり、ほかに布志名《ふじな》焼の土屋雲善《つちやうんぜん》や、漆工の小島漆壺《こじましっこ》斎《さい》、指物師の小林如泥《じょでい》らの職人を育てた。治郷が催した茶会では、その席に合わせて趣向を凝らした和菓子が用意された。現在でも当時の名前や製法が伝わる和菓子（沖の月〔姫小袖〕、若草、菜種の里、山川など）がある。

　茶道で評価され、今に受け継がれる松江の文化の礎を築いた松平治郷は、有能な家臣にも恵まれ、政治家としても優れた面を持っていたのである。

6 名君徳川斉昭の教えを請い、藩政改革を断行した池田慶徳 ［一八三七〜一八七七］鳥取藩

大嶋　陽一
鳥取県立博物館主任学芸員

一二代鳥取藩主池田慶徳《よしのり》の誕生

嘉永三年（一八五〇）五月、鳥取藩三二万石の一一代藩主池田慶栄《よしたか》が参勤交代の帰国道中に京都の伏見で亡くなった。突然の藩主の訃報に接した家老らは、藩主の死を公にする前に次の藩主を決める必要に迫られ、藩の御用頼老中である阿部正弘と協議の末、将軍家の血筋を養子に入れることに決し、御三家の一つ水戸徳川家より養子を迎えることになった。それがのちに一二代藩主池田慶徳となる徳川五郎麻呂である。

池田慶徳は、天保八年（一八三七）、名君として名高い水戸藩主徳川斉昭《なりあき》の五男として生まれた。同い年の異母弟に江戸幕府最後の将軍徳川慶喜《よしのぶ》がいた。斉昭は息子たちを幼少期から水戸藩校の弘道館《こうどうかん》で学ばせ、その教育内容について細かい指示を出すなど、教育に力を入れた。鳥取藩主となった池田慶徳は、父斉昭が行った水戸藩の天保改革を手本に藩政改革を断行していく。

池田慶徳は藩主就任二年後の嘉永五年閏二月、鳥取へ初入国を果たす。父斉昭は慶徳に

対し、入国時の心得として農政や民政において「仁政」を施すようアドバイスしている。以後、慶徳は斉昭に鳥取藩政について事あるごとに手紙で相談し、斉昭も筆まめにアドバイスを出すなど、治政初期における父斉昭の存在は極めて大きかった。

慶徳は初入国の一か月後、藩政改革の端緒として、それまで月番制であった家老職に専管事務を設定した。すなわち、軍制担当（荒尾但馬《あらおたじま》）、学制担当（池田式部）、財政担当（池田兵庫介）の家老を設定している。この各専管家老の設置をもって「安政改革」の開始とされる。以後、学館（藩校尚徳館《しょうとくかん》）の改革と拡張、殖産（国産）政策の改革を皮切りに、在方改正や軍事、藩政機構の改革などを矢継ぎ早に行っていく。

人材育成のため学館を改革

藩主慶徳が改革の手始めに取り組んだのが学館の改革であった。嘉永五年の家老池田式部の学館御用掛り任命に次いで、御儒者堀庄次郎らを学館御趣向《ごしゅこう》御用掛り（校長に相当）に任じ、改革を進めさせた。学館改革の主眼は、①学館施設や教育内容の拡充、②有為の人材の育成や発掘にあった。

まず、学館施設の拡充は、嘉永五年から安政元年（一八五四）の第一期、安政四年から文久三年（一八六三）の第二期に分けられる。第一次拡充では文場（学問所）拡張や孔子廟の建造、士分以上の武術稽古場である武場の新設、徒《かち》以下（士分より下の格式）の子弟のために小文場を開設した。また、第二次拡張では、徒以下の武術稽古場である小武場や職員公舎、砲術稽古場が新設された。二度にわたる拡張により、その敷地面積は従来の一〇倍以上に膨れ上がった。

学館拡張のうち、特筆すべき点は小文場や小武場など下級武士に対する教育の場が設置された点である。学館では、当初、就学対象者は士分以上でかつ一三歳以上の嫡子および庶子であったが、幕末になりやっと下級藩士の子弟にも門戸が開かれたのである。また、万延元年（一八六〇）には就学年齢も一三歳から八歳へと早められ、藩にとって有為な人材の早期からの創出が図られた。

学館改革では、施設の拡張のほか教育内容にも改編が加えられた。その一つが、嘉永六年（一八五三）に開始された国学の導入である。それまで学館の授業は、中国古典の四書五経を使ったものが中心であったが、尊皇攘夷という時局を反映し、『古事記』など国書を用いた「日本史学習」がスタートしたのである。また、教科の一つとして兵学が正式に取り上げられたことも重要である。『孫子』など中国の古典的兵法書を学ぶだけでなく、鳥取城下近郊で野外訓練も実施され、当時最新の西洋流の兵学や砲術も教授されるなど、学館は時節柄急速に武芸修練所としての位置を高めることになった。

国産役所の再置

鳥取藩の国産政策は、明和二年（一七六五）に創設された蠟《ろう》を専売する蠟座にさかのぼる。蠟の専売はよほど藩に利益を与えたようで、寛政七年（一七九五）には蠟座とは別に国産方（のち国産役所）が設置され、芦津《あしづ》村（鳥取県智頭《ちづ》町）の砥石や久能寺《くのうじ》村（鳥取県八頭《やず》町）の焼物を最初の国産品とした。久能寺焼は因久山《いんきゅうざん》焼として現在も生産されている。

文政元年（一八一八）には蠟座と国産役所が合併し産物方となり、当時の鳥取藩の主要産物である蠟、藍、鉄、木綿を専売した。文政五年には、藩が鉄と木綿を船で直接大坂へ回漕し販売する大坂廻漕仕法《かいそうしほう》が行われるが失敗し、これにより、文政八年に産物方は解体され、蠟座だけが規模縮小のうえ存続した。

嘉永五年、中野良助《りょうすけ》を国産方長役《おさやく》として、国産方（国産役所）が約三〇年ぶりに再置される。藩が取り扱った国産品（当時「お手懸《てが》かり」といった）は、①国産役所内で直属の職人に生産させるもの（綿製品など）、②町方や村方のものが出願し国産品として生産されるものがあった。

国産方は積極的に国産品指定を行い、六〇品目を超える製品を国産品に指定した。倉吉（倉吉市）の千歯扱《せんばこ》き、用瀬《もちがせ》村（鳥取市用瀬町）の煎茶、諸鹿《もろが》村（若桜《わかさ》町）の硯《すずり》石、浜坂村（鳥取市）の白磁、福井村（鳥取市）の陶器、賀露《かろ》村（鳥取市）の畳表などがあった。

順調に進んでいたかに思われた国産政策であるが、藩の資金不足、国産品生産の技術不足などにより事業が停滞してしまった。また、政策推進の中心人物である中野良助が万延元年（一八六〇）に失脚したことから、彼の展開した諸政策は未定のまま大幅な修正を受けることになり、元治元年（一八六四）に国産役所は整理縮小され蠟座と合併し産物会所となった。以後、明治元年（一八六八）には融通《ゆうづう》会所と名称を改め、明治四年の廃藩置県までの間、資金貸し付けなど銀行業務を継続しながら、新しい時代を迎えた。

7
日本の近代への道を拓いた幕末の宰相、阿部正弘
［一八一九〜一八五七］福山藩

西村　直城
広島県立歴史博物館主任学芸員

二五歳で老中に就任

福山藩主である阿部正弘が老中に就任したのは、天保一四年（一八四三）閏九月一一日で、二五歳での老中就任は異例のことであった。この二日後、天保の改革を主導した水野忠邦が老中を罷免された。

正弘に対する江戸城中での評価は高く、民衆の評判も悪くなかった。老中就任二年後、

正弘は老中首座となった。この時期の幕政は、水野の強引な改革が批判を受けて失敗した影響で、消極的であった。正弘の政治姿勢は、自分の真意を表に出さず、周囲に気を配ってまとめるものであった。このような調整能力こそが、水野退陣後の政局に必要なもので、ペリー来航までの幕政は比較的安定していた。

アヘン戦争以後の幕府の最重要課題は海防政策で、正弘老中就任後の対外関係は緊張の連続であった。天保一五年にはオランダ国王が幕府に開国を勧告、弘化三年（一八四六）にはアメリカのビッドル艦隊が浦賀に来航、一方でイギリスおよびフランス軍艦が薩摩藩支配下の琉球にたびたび来航していた。

阿部正弘像
画像提供：福山誠之館同窓会

正弘はアヘン戦争の影響で撤回された異国船打払令復活を、弘化三年、嘉永元年（一八四八）、嘉永二年の三回にわたり海防掛に諮問している。海防掛は弘化二年に設けられ、老中以下、若年寄、大小目付、勘定奉行、勘定吟味役から選抜されていた。しかし、海防掛は財政難を理由に三回とも復活に反対した。

正弘が打払令復活を諮問した真意は不明で

ある。打払令復活は海防強化を主張する徳川斉昭の持論で、同じく斉昭が主張した大船建造解禁も正弘は弘化二年（一八四五）に評定所に諮問している。遅々として進まない海防強化を図ろうとしていたのかもしれない。ただし、諮問に賛同が得られない以上実行しない点は、正弘らしい政治姿勢である。当時の幕政は、中堅官僚ともいえる幕臣たちが実質的に担っており、その協力を得ずしては政策決定が難しかった。そして彼らは、財政的な理由から海防政策には消極的であった。

嘉永五年（一八五二）にオランダからもたらされたアメリカ艦隊来航予告情報に対して幕府が有効な対策を講じなかったのも、正弘の諮問に対して海防掛がこの情報を軽視したためである。危機感を深めた正弘は、島津斉彬《なりあきら》ら有識大名に対し情報を開示し、有事に対応するための連携を深めていった。

ペリー来航、国書を受領

嘉永六年六月三日に浦賀に来航したアメリカ合衆国東インド艦隊司令長官であるペリーの第一の目標は、従来の日本の対外窓口である長崎ではなく、江戸の近くで大統領の国書を幕府高官に受け取らせることにあった。一方、幕府の方針は、アメリカ艦隊を穏便に退去させようというものであった。しかし、六月六日、アメリカ船が江戸湾を北上したことで、正弘は国書受領を決意した。自衛以外の戦闘を禁止されていたペリーとしては、これが精いっぱいの示威行動であった。

アメリカが日本に開国を迫った主な理由としては、次の二点が挙げられる。①遭難したアメリカ船員に対する日本側の生命や財産の保護、②アメリカ西海岸と中国を結ぶ蒸気船航路における石炭補給港の確保である。

①は当時アメリカの捕鯨業が最盛期で、北太平洋がその漁場の中心であったことが背景である。それに伴い、日本沿岸でのアメリカ捕鯨船の遭難が多発し、鎖国体制下の日本における漂着アメリカ船員に対する過酷な扱いがアメリカ国内で問題になっていた。

②はアメリカ国内で太平洋横断蒸気船航路開設の機運が盛り上がったことが背景である。アヘン戦争後の巨大な中国市場の欧米への開放と、アメリカによるカリフォルニア領有と開発、そして蒸気船の発達は、従来の大西洋およびインド洋廻りより短距離ですむ太平洋航路開設の可能性を生んだ。しかし、当時の蒸気機関の能力では、アメリカ西海岸から中国までの途中に石炭を補給する寄港地が不可欠であった。これら二項目に通商開始の要求を加えたのが、大統領国書の内容であった。

情報を開示し、諸大名にも意見を求める

嘉永六年（一八五三）六月九日、久里浜で国書の受け渡しが行われた。ペリーは回答を待たず、翌年再来航することを告げて退去した。正弘は受領したアメリカ大統領国書を三奉行、大小目付、海防掛に開示し、その取り扱いについて諮問した。さらに、七月には諸大名、有司（役人、官吏）などにも広く意見を求めた。また、朝廷にもペリー来航を奏上した。これらの処置が幕府の権威低下の原因となったという見方が一般的である。しかし、正弘の真意は、広く情報を開示し意見を上申させ、幕府に対する不満を抑えることが狙いだったと思われる。

ペリー像　画像提供：東京国立博物館

正弘はこの機会に、徳川斉昭を幕政に参画させている。幕閣が危惧するなかでの斉昭起用は、従来の正弘の姿勢からは考えられない。正弘には斉昭の発言力を得て海防強化を図ると同時に、強力な反対勢力になりかねない斉昭を取り込む意図もあったようである。九月に大船建造が解禁され、オランダからの蒸気船購入も決定した。しかし、この時点で正弘は開国を考えていなかった。彼の方針は、斉昭が提唱した、時間を稼いで海防強化を図るというもので、

それは一一月一日に諸大名に表明されている。

阿部正弘の決断、日米和親条約の締結

嘉永七年一月一六日のペリー第二回来航時の日米の交渉は、二つの局面に分けることができる。第一は、交渉場所の駆け引きである。ペリーは浦賀より江戸に近い場所を希望したが、それは幕府側が望むことではなかった。交渉が行き詰まると、ペリーは艦隊を江戸に接近させる示威行動を行った。幕府は、浦賀より江戸に近いが住人の少ない横浜を、交渉場所に選んだ。

第二の局面は、二月一〇日から横浜で始まった条約交渉である。正弘はその五日前に、漂流アメリカ船員の保護とアメリカ船への補給を容認することをすでに決意していた。幕府側は林大学頭復斎を筆頭に、昌平坂学問所出身の俊英たちが、人道（漂流船員保護、物資補給）と利益（通商）両方を主張するのは矛盾すると整然と理論を展開し、ペリーに通商の要求を断念させた。武力を背景にしているとはいえ、日本との交渉はアメリカ側にとっても難しいものであった。

これ以後の交渉は、開港時期と開港地の決定に絞られた。アメリカ側は五港の開港を要求していたが、日本側は函館と浦賀より江戸に遠い下田の二港で譲らなかった。この点で

も、幕府側はペリーを譲歩させることができた。こうして三月三日に日米和親条約が締結された。

日米和親条約では漂流米船員の保護と開港地における米船への物資補給が認められているが、通商は除外された。ペリーにすれば最低限の開国を実現し、幕府側にすれば国内で反発の恐れがある通商を阻止したことになる。漂流船員保護と物資補給は、異国船打払令撤回後に出された天保の薪水給与令の発展的継承で、むしろ開港地を二港に限定できた。下田への領事館設置やアメリカへの片務的最恵国待遇を認めたことは、この時点ではその重要性を日本側は認識していなかった。日米和親条約は、日本が開国した歴史的意義と異なり、当時の国内の政治や経済を直ちに激変させる内容ではなかった。孝明天皇ものちの日米通商修好条約のときとは異なり、和親条約の締結に安堵した。

開国を機会に幕府政治を積極的に変えようとしたのは、阿部正弘自身であった。彼にとって日米和親条約は、幕府内の改革に対する壁を打ち破る契機であった。以後、正弘は「安政の改革」を推進する。諮問を重視する政治姿勢は変わらないが、新たに開明派の人材を海防目付として登用し、彼らの積極的な意見に基づき改革を進めた。和親条約締結時点では、正弘はあくまで条約締結で稼いだ時間で海防強化を図ることを改革の主目的としており、将来の通商開始は視野に入れていなかった。

安政四年（一八五七）六月一七日、阿部正弘は三九歳で死去した。正弘自身にとって改革は、あくまで幕藩体制の維持と強化を図るものであったが、明治維新後、正弘が登用した幕府の遺臣たちは、正弘の改革が近代の礎となったと評価し、彼の早い死を惜しんだ。

8　外来思想でなく、日本古来の伝統的権威を説く亀井茲監［一八二五～一八八五］津和野藩

松島　弘
津和野町文化財保護審議会会長

西周《あまね》、森鷗外を輩出した津和野藩

石見の国（島根県）津和野藩四万三〇〇〇石の最後の藩主が、亀井茲監《これみ》である。

小藩では藩主の力量が藩の帰趨を左右する場合が多く、津和野藩もそうであったといえる。幕末の動乱期、長州征討などでは一弾も発することなく、刀を一合も交えず城下を戦乱より守った。強力な情報網による情報収集と、それに基づく外交戦略によるものであった。特に力を注いだ文教政策では、藩の中心教学（津和野本学＝国学）が幕末から明治初頭にかけて精神的な拠り所となり、日本歴史の一時代を導いた。好学の気風は哲学者西周、文豪森鷗外など各界の先駆者を輩出している。

茲監は文政八年（一八二五）、久留米藩二一万石、有馬頼徳の次男として生まれ、一四歳（養子願書は一八歳）で一一代藩主の座に就いた。世相は欧米の先進列強が相継いで日本へ来航し、開国と通商の要求を強いていた時代である。当時の中国はアヘン戦争により半植民地化しており、藩としては内外の情勢に対処する人材の育成こそが急務の時代であった。茲監は藩士だけでなく、町医者や身分の低い者も江戸や大坂へ留学させている。彼らは帰国後、藩の中枢に上り、また藩校養老館教授に任命され、幕府の典医に抜擢されたりもした。

茲監は藩全体の好学の世論形成と藩の結束を求め、城の大書院（客間）に藩校教授を招き月例で講義させている。ここには家老から茶道格まで全員出席させるほどの力の入れようであった。

また、嘉永二年（一八四九）には藩校の機構を改革し、国学科、西洋医学科を創設した。国学、医学、礼学、数学、兵学のほか、新たに武道場を新設し、芸術科（槍、剣、弓、馬、柔術、居合、砲術）と幅広い分野を置いている。特に儒や仏の外来思想ではない日本古来の考え方である国学を中心に置き、教授に富長《とみたけ》山八幡宮社司の岡熊臣《くまおみ》を抜擢し、藩校の学則を制定させている。

新政府が拠り所とした津和野本学

藩の施政方針は、幕府と諸藩の動向にも影響を受ける。茲監は情報収集において、江戸や大坂の藩邸での活動のほか、槍術修業のためと称して情報収集のため武芸の達人を薩摩へ派遣したり、写生技術向上のためと称して絵師を東北へ派遣し、さらに医者にも全国世論の動向調査を命じている。その折、茲監は「藩主や重臣におもねた報告であってはならない」と厳しく訓示したという。

情報は尊王の志を同じくする隣藩長州藩へも伝えていた。「津和野藩が例によって全国の情報をもたらし、藩主が互いに将来を語り合った」と長州の古文書に記され、また、「情報交換の宴で、酔いつぶれた両藩士の中にあって桂小五郎（のちの木戸孝允）は、ひとり徹夜で津和野藩の情報の厖大な手紙を読んでいた。『流石、大物は違う』」と津和野藩士の記録にある。

このころの津和野藩の立場は微妙である。幕府軍の立場で長州征討に加わっていたからである。第二次長州征討では幕

亀井茲監像
画像提供：津和野町教育委員会

府軍の石州口（益田からの攻略ルート）第二軍となり、国学者、福羽美静《ふくばよしず》を外交に当たらせた。このとき長州兵は津和野城下を避け、日本海側を進んだ。幕府は津和野藩に出兵を促すため軍目付（戦争の監督官）長谷川久三郎を派遣したが、長州から引き渡しを執拗に求められたため、捕虜としてではなく、長州の藩主の訴えと敵状視察の名目で刀を帯びたまま長州側に引き渡した。長州では久三郎を大切に扱い、生命保証の約束を守り、のちに津和野に帰している。

このことがあり、久三郎はのちに津和野藩のために好意的に活動を行っている。目付のこの一件について、茲監が自ら筆をとった草稿が遺っている。これはのちに経過を幕府にとがめられたときのために遺したといわれるもので、『慨志録《がいしろく》』と題されている。ほかにも茲監は朝廷や幕府へ「一家一国（藩）の盛衰を論ずるときではない。外国から軽くみられている。国の一大事に道理や人心の世論を推察して民の予想を上まわる処置を求める。国を挙げての争乱を、決して起こさないよう」にと直言している。

慶応三年（一八六七）、ついに将軍徳川慶喜は大政を奉還した。このとき、議会制と三権分立について慶喜は西周に諮問し、西は一一月には「天皇に裁可権はあるが拒否権はないとし、大君（将軍）が実際政治を行うこと」（『議題草案』）と上申した。

同じ年、朝廷は「王政復古の大号令」も行っているが、「この文章は玉松操が書いたが原案は津和野藩国学者大国隆正の『神祇官本義』によったもの」と井上毅（憲法、教育勅語制定に係る）の随筆に明記されており、幕末の二大思想はいずれも津和野藩出身者によったといえるのである。

宗教行政を任された茲監

明治維新後、茲監は、新政府の三職のうち参議、議定を経て神祇官（宗教行政）の神祇官副知事となった。このとき藩の国学者らは神祇事務局の判事から書記まで中枢を占めている。のち麝香間祗候《じゃこうのましこう》となり国事の諮問に応じた。維新後も政府はキリスト教を禁教としており、長崎浦上四番崩れ（第四回目の検挙）などで捕らえられた信徒は名古屋以西の一〇万石以上の藩にお預けとなった。中でも四万三〇〇〇石の津和野藩には一五三名という最高人数が預けられている。このとき茲監は信徒を「説諭改宗」（諭して改宗させる）との指針を打ち出している。

その後、西周は藩校の改革と儒教、国学、洋学に偏しないこと、人材の上京などを具申した。近代紡績業の父山辺丈夫《やまのべたけお》、日本地質学の父小藤《ことう》文次郎らは、この折に上京した人物である。

茲監は明治四年（一八七一）五月二二日、先進諸国の、脅威に対抗する強力な中央集権国家を願い、全国諸藩に先駆け「廃藩の議」を上申し、津和野藩知事を辞して、浜田県に合併した。全国に廃藩置県が実施されたのはこの年の七月のことである。

茲監は明治九年（一八七六）、五一歳で隠居し、宮中祗候取締となった。以後はかつての藩地を訪れ視察や寄付を行い、明治一八年、熱海で中風を発症し、三月に六〇年の生涯を終えた。

明治二四年、旧藩士や領民によって亀井茲監の頌徳碑が、町の中央公園にある嘉楽園（旧藩邸跡）に建立された。三メートル近い碑の頂きには茲監の胸像が町の方を向いて据えられている。碑の撰文は西周によった。

第2節

時代を動かした実力者たち

1

茶人、造園家としても秀でた武将上田重安［一五六三〜一六五〇］広島藩

光成　準治
県立広島大学非常勤講師

丹羽《にわ》家、豊臣家の家臣として各地を転戦

『丹羽家譜伝《ふでん》』によると、上田氏は甲斐源氏小笠原氏の庶流であり、重安《しげやす》の祖父重氏《しげうじ》は信濃国上田（長野県上田市）に居住していたが、重氏の子重光《しげみつ》（あるいは重元ともいわれる）が尾張国星崎（名古屋市南区）に移住して、織田信長家臣丹羽長秀に仕えたとされる。重安は永禄六年（一五六三）、重光の次男として尾張国星崎において生まれた。

重安は若年より長秀に仕え、数々の戦功を立てた。天正一〇年（一五八二）の本能寺の変勃発時、四国への渡海に備えて摂津《せっつ》国に滞在していた長秀が、同陣していた津田信澄《つだのぶすみ》（明智光秀の娘婿）を攻撃した際には、信澄の首級《しるし》をあげたとされる。また、天正一一年の賤ヶ岳《しずがたけ》合戦後の長秀の越前移封に伴い、越前国内において一万石を与えられたと伝わる。

天正一三年（一五八五）四月に長秀が没すると、同年閏八月、長秀の嫡子長重は若狭国へ減封された。この折、丹羽氏家臣の中には豊臣（羽柴）秀吉直臣となり、所領を安堵された者も多い。重安もその一人である。しかしながら、天正一五年の九州出陣の際の陣立書（大阪城天守閣蔵）によると、重安に課せられた軍役数は一〇〇人であり、重安と同じ越前国に所領を有する堀秀政や村上頼勝、溝口秀勝らの軍役数と比較して逆算すると、重安の石高は五〇〇〇石強であるものと推測される。また、秀吉が没する直前の慶長三年（一五九八）の秀吉朱印状（上田流和風堂蔵）によると、本知は越前国西方（福井市）において五五〇〇石とされており、石高を一万石とする通説は否定されよう。

一方で、慶長三年の朱印状において重安は九五三石を加増されており、死を覚悟した秀吉が愛児秀頼を支える存在として、重安に大きな期待を寄せていたことが分かる。重安の妻が杉原家次の娘、すなわち、秀吉の妻おね（高台院）の従姉妹であったことも一因であろう。

なお、重安は文禄三年（一五九四）、従五位下主水助に叙任されるとともに、豊臣姓を授与されている。また、慶長五年九月の関ヶ原の戦いに先立ち、会津攻めのために東上していた徳川家康は、七月二六日、重安に対して上洛を知らせる書状（上田流和風堂蔵）を発しており、家康も重安の動向を重視していた様子がうかがえる。結局、重安は西軍に属したため、関ヶ原の戦い後、所領を没収された。

蜂須賀《はちすか》氏庇護下の後、浅野氏の直臣に

関ヶ原の戦い後の重安は、いったん、阿波国徳島藩蜂須賀氏に庇護された。蜂須賀氏から重安に対する知行宛行《あてがい》が確認できないことから推測すると、重安は徳川家康との関係も良好であったため、大名への復帰を目指して、あえて牢人の道を選んでいたものと考えられる。

しかし、慶長七年、重安は浅野幸長の招きに応じて、紀伊国和歌山藩に召し抱えられた。幸長の母はおねの妹である。したがって、重安と幸長の父浅野長政とは従姉妹同士が妻という縁戚関係にあるうえ、石高一万石という豊臣大名期を上回る厚遇であったことが招きに応じた要因であろう。慶長二〇年の大坂夏の陣においては、一番槍の戦功を立てた一方、敵が迫ってくるなかで、竹藪の竹を用いて茶杓《ちゃしゃく》「敵がくれ」を作ったとされる。

元和五年（一六一九）、幸長の弟長晟が安芸国広島へ移封になると、重安もそれに従い、小方（広島県大竹市）などにおいて一万石を与えられた。寛永九年（一六三二）には長男重秀が旗本として取り立てられ、五〇〇〇石を与えられたが、これは幕府が時機を見て重安の大名復帰を予定していたものの、重安が浅野氏家中にとどまることを選択したための

措置であったものと考えられる。

乱世を生き抜いた重安は、八八歳の長寿を保って慶安三年（一六五〇）に没した。遺骨は大野瀬戸へ流され、墓は遺髪を埋めて、松の木を植えたのみの塚としたとされる。

茶人、作庭家としても一流であった重安

天正一八年（一五九〇）のものとされる『利休百会記』一一月六日条に「上田左太郎」の名がみられ、重安が千利休の茶会に参加していたことが分かるが、重安が利休の直弟子であったことを物語る史料は確認できない。茶人としての重安(以下、慶長四年(一五九九)に大徳寺三玄院春屋宗園から授かった法諱《ほうい》*「宗箇」と表記する）に大きな影響を与えた人物は古田織部《ふるたおりべ》である。

織部も秀吉家臣であるが、利休七哲の一人とされ、利休没後は天下一の宗匠と称されていた。宗箇のほか、太田一吉、金森可重、小堀政一（遠州）らが織部を中心とする茶道グループを形成していたが、慶長四年二月に連日開かれたこのグループの茶会が、織部の茶会を皮切りとし、続いて宗箇邸における茶会が開かれていることから推測すると、茶人としても織部に次ぐ評価を得ていたことがうかがえる。

宗箇は作庭家としても活躍した。彼が作庭に関与したとされている庭園を、年代順に挙

＊法諱：出家、得度したとき、師が授ける法名。

げると、蜂須賀氏庇護期の徳島城表御殿庭園、和歌山藩期の和歌山城西の丸庭園、紀州和風堂、紀州粉河寺庭園、名古屋城二の丸庭園、広島藩期の泉水館（のちの縮景園）、芸州和風堂などである。とりわけ、名古屋城における作庭は天下人徳川家康の命によるものと考えられ、作庭家としての宗箇の評価が非常に高いものであったことをうかがわせる。このように、文化人としての宗箇も超一流であったといえよう。

谷一　尚
林原美術館館長

2
開発事業で藩の産業基盤を築いた津田永忠［一六四〇〜一七〇七］岡山藩

池田光政に才能を認められた永忠《ながただ》

津田永忠は、寛永一七年（一六四〇）、岡山城下弓之町《ゆみのちょう》（岡山市北区弓之町）に、六〇〇石取りの岡山藩士津田佐源太貞永と安藤伝左衛門の娘寧《ねい》の三男として生まれた。幼名は又六、字は八大夫、後に重二郎、晩年は父の名を継ぎ佐源太を名乗る。承応《じょうおう》二年（一六五三）、一四歳で藩主池田光政の御側児小姓《おそばこごしょう》に取り立てられ、万治二年（一六五九）、二〇歳で児小姓仲間横目役、翌万治三年、新知行一五〇石。寛文四年（一六六四）、知行三〇〇石となり、評定所に列座した。

寛文七年（一六六七）、藩主池田光政は菩提寺の京都妙心寺《みょうしんじ》護国院焼失を契機に岡山に墓所を移すこととし、永忠を総奉行に任命、脇谷村和意谷敦土山《あづちやま》（岡山県備前市吉永）に造営を命じた。これが永忠の最初の土木事業である。同年に着手し、翌年に墓所主体を、寛文一〇年までに石垣、石柱、石門を完成させた。総工費は銀二〇八貫、人夫延べ一〇万人の大工事であった。現在のＪＲ山陽線吉永駅から和意谷川に沿い四キロメートル、さらに山道を一キロメートルで墓所に至る。

洪水対策で放水路百間《ひゃっけん》川を開削

次いで寛文九年、旭川の洪水から岡山城下を守るため、光政の命により永忠が、熊沢蕃《ばん》山《ざん》考案の荒手《あらて》越《えつ》法を活用して、人工河川の放水路百間川の開削に着工し、十数年かけて完成させた。百間川には洪水対策として、荒手とよばれる越流堤《えつりゅうてい》を三つ造成した。旭川との分岐点に一の荒手、竹田橋のすぐ下流に二の荒手がある。百間川の名称は、この二の荒手が幅一〇〇間に設計さ

津田永忠像
写真提供：林原美術館

池田家和意谷墓所（二のお山）写真提供：林原美術館

れていたことによる。

翌寛文一〇年には閑谷《しずたに》学校建設を任された。閑谷の南方の友延新田《とものぶしんでん》造成では、古代中国の井田制《せいでんせい》による地割りを実施している。寛文一二年に、光政が隠居。隠居所は西の丸にあり、現在廃校となった旧市立内山下《うちさんげ》小学校東南隅、国重文の西手櫓横に隠居所庭園跡が残る。綱正が藩主となり、翌延宝《えんぽう》元年（一六七三）、閑谷学校の東に永忠は自らの屋敷を造築した。

延宝七年、初の藩営干拓事業として倉田新田三〇〇ヘクタールを開墾。新田開発では、普請奉行の田坂与七郎や近藤七助らが永忠を補佐した。天和《てんな》二年（一六八二）には郡代となり、貞亨二年（一六八五）、幸島新田五五七ヘクタールを開墾した。元禄四年（一六九一）沖新田を開墾、藩営干拓の総面積は一九一八ヘクタールであった。元禄一〇年、岩盤掘削の難工事の末、田原用水工事が完成。翌元禄一一年、藩主菩提寺となる曹源寺《そうげんじ》を建立した。以後、同寺にも藩主と一族の墓所がある。

貞亨四年一二月、永忠は後楽園の造営に着手（鍬《くわ》始め）し、元禄四年一〇月、中心的建物の延養亭《えんようてい》（当時は御茶屋と呼ばれた）が完成した。綱政はここで永忠らにねぎらいの宴を催す。元禄一三年（一七〇〇）に造園が完成。岡山城対岸の中洲にあり、総面積一三万三〇〇〇平方メートルの広大なものであった。

その特徴は、砂質地盤で湿度不足のため、苔でなく芝生を多用している点にあり、わが国の大庭園では初の試みであった。典型的な林泉回遊式で、延養亭からは、沢の池、唯心山、借景の操山《みさおやま》、その中腹の安住院多宝塔（綱政の命で着工、次藩主継政の代に完成）、岡山城天守閣など園内外を一望できる設計となっている。

後楽園から沢の池、唯心山越しに岡山城を望む
写真提供：林原美術館

この延養亭は、現在の建物は昭和三五年（一九六〇）に復元されたものだが、藩主が訪れた際の居間として使用された。ここで賓客をもてなすようになったのは幕末からである。

宝永元年（一七〇四）永忠は六五歳で閑谷に隠居する。宝永四年二月五日、六八歳で病没。墓所は和気《わけ》町吉永駅から西北へ五キロメートルに儒教式の永忠夫妻墓、その奥に両親貞永夫妻墓がある。嫡男猪之助、長女津也《つや》ら一族の墓も同所にある。

3 筆頭家老荒尾家の自分手政治　鳥取藩

大嶋 陽一
鳥取県立博物館主任学芸員

着座《ちゃくざ》一〇家でも別格であった荒尾家

鳥取藩において家老になることができる家柄は固定化されており、そうした家柄を「着座」といった。この着座家は近世後期には一〇家に限定されており、そのなかから年功序列で二、三名が家老として、藩政を主宰していた。

着座一〇家の筆頭は荒尾但馬《たじま》家（一万五〇〇〇石、通称米子荒尾）であり、それにつぐ荒尾志摩《しま》家（一万二〇〇〇石、通称倉吉荒尾）の二家はともに一万石以上を領知し、一〇家のなかでも別格とされた。両家は藩主池田家の祖先池田恒興《つねおき》（信輝、勝入）の妻善応院の実家にあたり、藩主の外戚の地位にあった。

和田家（五五〇〇石）は織田信長の家臣であったが、信長没後、池田恒興の客将となり、のちに臣従した。津田家（七〇〇〇石）は尾張織田家の一族とされ、関ヶ原合戦後に池田家に仕えることになった家である。鵜殿《うどの》家（六〇〇〇石）は池田輝政《てるまさ》の後室となった徳川家康の娘督姫《とく》の親戚にあたり、督姫に付属し池田家に入ったが、のちに臣従した。乾《いぬい》家

（五〇〇〇石）は早い時期から恒興に臣従した譜代家臣の代表とされる。

ほかに、池田家（通称山池、二二〇〇石）、池田家（通称下池、三〇〇〇石）、荒尾家（米子荒尾分家、三〇〇〇石）、荒尾家（倉吉荒尾分家、二三〇〇石）があるが、山池、下池の両池田家は藩主池田家の一族で、岡山藩から呼び寄せ、一家をなさしめた。また、両荒尾家はそれぞれ荒尾但馬、志摩両家の分家として、一七世紀中ごろに成立している。

このように鳥取藩の重臣層は、主家との婚姻関係、旧主の没落を機に客将として迎えられたものが多く、比較的新しい主従関係である。これは、鳥取池田家の祖忠継《ただつぐ》、忠雄《ただお》が徳川家康の外孫であり、本家にあたる岡山池田家から幕命によって立藩させられたという経緯によっている。また、着座家内においても米子および倉吉の両荒尾家と和田家は「三家」と呼ばれて格が高かった。

着座家などが町政を行う自分手政治《じぶんて》

鳥取藩では、着座家や一部上級家臣など数家が藩から領内の町政を委任された。これを「自分手政治」、「自分政治」と呼んでいる。

着座家による自分手政治は、荒尾但馬家の米子（鳥取県米子市）と荒尾志摩家の倉吉（鳥取県倉吉市）のほか、和田家の松崎（鳥取県湯梨浜町《ゆりはま》）、津田家の八橋《やばせ》（鳥取県琴浦町《ことうら》）

で藩政初期から行われていた。鵜殿家の浦富《うらどめ》（鳥取県岩美町）は、天保一三年（一八四二）から行われた。また、乾家の船岡《ふなおか》（鳥取県八頭《やず》町）、証人上《しょうにんあげ》という着座家に次ぐ格式の福田家の黒坂《くろさか》（鳥取県日野町）は、これに準ずるものであったといわれている。

鳥取藩における自分手政治の起源については定かではないが、立藩時の藩領内の状況が反映されているという。寛永九年（一六三二）に、元和三年（一六一七）より鳥取藩主であった池田光政と岡山藩主池田光仲（当時数えで三歳）の間で国替えが行われ、ここで光仲を初代とする鳥取池田家が成立する。元和三年以前の因幡、伯耆は、複数の領主によって分割統治されていた。寛永九年の国替え以降、そうした旧領主の城下町や陣屋町など軍事的かつ政治的拠点に、光仲の重臣が順次配置され、自分手政治が開始されたと考えられている。

自分手政治では、町政を担う町奉行は着座家の家臣のなかから任命され、商人に対する徴税や町内の警察業務、寺社支配に当たっていた。自分手政治の性格は、当初軍事的な意味合いが強かったが、都市や都市近郊の農村部の商業発達が進むと、次第に経済的な収益が得られる利権とされるようになったといわれる。自分手政治の廃止は明治二年（一八六九）であり、こうした特権的な制度は藩政期を通じて行われたのであった。

伯耆の中心、米子における荒尾家の権力

鳥取藩の藩政上、藩都鳥取とともに最も重視された場所は伯耆国の米子であった。米子は米子城を有し、伯耆の政治、文化、商業の中心地であった。この地の支配を委任されていたのが藩の筆頭家老で米子城代でもある荒尾家であった。

荒尾家の米子支配は、寛永九年（一六三二）の国替え時に幼主池田光仲に代わり、幕府から米子城支配を命じられたことに端を発している。所領も米子周辺の会見郡《あいみごおり》を中心に六五か村に及び、一万五〇〇〇石の石高を有した。米子やその周辺の人々は、一度も見たことがない藩主よりも、城代の荒尾家のことを「殿様」と呼ぶなど、荒尾家に親しみを持っていたという。米子は伯耆の経済の中心であり、近世後期には後背地の日野郡（鳥取県日野町、日南町周辺）の山間部で産出する良質な鉄や弓ヶ浜《ゆみがはま》半島などで生育する木綿の集積地となり繁栄する。荒尾家は、そうした経済的な活動にも積極的に関わり、徴税権を有していたことで大きな利益を得たという。加嶋家や後藤家といった米子の有力商人に対しては、ことあるごとに数万両単位の多額の献金を要求するほか、荒尾家の財政向きの差配をまか

米子城跡　写真提供：米子市教育委員会

せ、自らの家臣に登用するなどしている。

これまで米子における荒尾家の自分手政治は、関係する一次史料が少ないこともあり、立法、行政、司法などにおいて大きな権力を持ち、部下にあたる米子組士（米子駐屯の鳥取藩士）を家臣のように扱うなど、その専横ぶりが強調されてきた。

しかし、こうした戦前からの米子荒尾家の評価は、近年見直しが進んでいる。そもそも、藩政を主宰すべき筆頭家老の家柄である荒尾家が、藩主そっちのけで権力をふるっていたのでは支配の根幹である主従関係は成り立たないし、藩政自体が成り立たない。今後、史料に即した検討がなされるなかで、新しい自分手政治像が見えてくるものと考えられる。

4　藩政改革に尽くした長州藩の能吏、村田清風［一七八三～一八五五］と周布政之助［一八二三～一八六四］　長州藩

道迫　真吾
萩博物館主任学芸員

改革の背景にあった危機

村田清風《せいふう》と周布《すふ》政之助《まさのすけ》は長州藩屈指の実力者として知られる。前者は天保改革を、後者は安政改革を指揮した。特に村田は、長州藩を西南雄藩の一つに押し上げた有能な藩士と

して、高校の日本史教科書に取り上げられるため全国的にも著名である。

村田や周布が改革に取り組んだ背景に、危機が存在した。ここで問題になるのは、彼らの前にどういう危機が横たわっていて、それにどう対処していったかということである。当然、村田が活躍した天保期（一八三〇～四〇年代前半）と、周布が活躍した安政期（一八五〇年代後半）とで、危機の質そのものが異なっていたことは言うまでもない。その画期は嘉永六年（一八五三）のペリー来航である。黒船来航とも呼ばれるこの事件を境に、欧米列強の脅威が抽象的なイメージから具象的なものへと転化したのだ。

なお、村田の藩政改革の後継者である周布が後年形成した派閥を、俗に正義派（正義党）と呼ぶことがある。その政敵として必ずついてまわるのが、俗論派（俗論党）とも呼ばれる坪井九右衛門と椋梨藤太《むくなしとうた》だ。実のところ、村田と周布は保守派とみなされる傾向の強い坪井、椋梨両者の存在があるからこそ、より光り輝いてみえるというきらいがあるともいえる。

村田清風と天保改革

村田清風が天保改革で課題としたのは、端的にいえば財政の再建、対外防備の充実、人材の養成と登用である。危機を内憂と外患とに分ければ、内憂への対応に比重が置かれた。

村田清風
画像提供：山口県立山口博物館

村田は天明三年（一七八三）、長門国大津郡三隅《みすみ》村（山口県長門市）に生まれる。村田四郎右衛門（光賢）の長男であった。藩校明倫館《めいりんかん》に学び、文化五年（一八〇八）に*手廻組に加えられて小姓役、御用所右筆役添役などを務める。天保二年（一八三一）の長州藩大一揆ののち、*表番頭《おもてばんがしら》格に列して当役用談役となり、財政改革を建白する。天保九年、藩主毛利敬親《たかちか》により、表番頭、*地江戸両仕組掛《じえどりょうしくみがかり》に登用される。

天保一一年、江戸当役用談役となり、天保改革を本格化させる。村田は藩の借財を「八万貫目余のご大敵」と呼んだが、これは藩の年間経常費の二二倍に当たった。彼は倹約励行のみならず、防長四白（米、塩、紙、蠟）や木綿などの専売制を実施し、藩営の金融、倉庫業とも呼べる越荷《こしに》方を赤間関に設置するなどして、着実に負債を消却した。

一方、村田は早くから兵学を研究して異船防禦方に参画し、*神器陣《しんきじん》という新しい戦陣を編成していた。天保改革に着手した天保一一年、アヘン戦争の情報が日本に届くや、海岸防備すなわち海防の強化に力を入れる。具体的には、大砲の洋式化、羽賀台大操練の実施などで、「戦爺《いくさじい》さん」の異名をとったといわれるほどである。

天保一四年には三七か年賦皆済仕法を実施する。しかし、

＊手廻組：乗馬や茶道の師、馬医、儒者などの藩主の側役集団。
＊表番頭：政務役と蔵元役を兼ねた役職。
＊地江戸両仕組掛：国元と江戸両方の財政を担当する役。
＊神器陣：大小砲を中心とする軍の編成。

これには商人の大反対が起こり、天保一五年（一八四四）、坪井九右衛門らから批判されて辞任した。

藩政を退いてからは、三隅の自宅に創設した三隅山荘尊聖堂で後進の育成に当たる。また、嘉永二年（一八四九）に開校した新しい明倫館の内容充実にも尽力した。安政二年（一八五五）に江戸方内用参与を命じられたが、中風再発により没した。享年七三であった。

周布政之助と安政改革

周布政之助
画像提供：山口県立山口博物館

周布は文政六年（一八二三）萩城下に生まれる。周布吉左衛門（兼正）の四男である。明倫館に学び、弘化三年（一八四六）有志と共に時事を討議する結社を興した（安政五年に正親町《おおぎまち》三条《さんじょう》実愛《さねなる》により嚶鳴社《おうめいしゃ》と命名される）。嘉永六年に藩の政務座役（右筆）筆頭に昇進し、村田清風の後を継いで藩財政の立て直しを図る。だが安政二年に罷免《ひめん》され、坪井、椋梨が安政改革を指揮した。

周布が改革に本領を発揮するのは安政五年、再び政務座役となって以降である。まず、朝廷に忠節、幕府に信義、祖先に孝道という「藩是三大綱」を確定する。経済面では坪井らが推進した産物交易政策を受け継ぎ、大規模な藩外交易へと発展させた。

その一方で、人材登用や洋式軍事改革に多大な成果を挙げる。特に、嚶鳴社の同志来原《くりはら》良蔵《りょうぞう》ほか総勢三五人を長崎海軍伝習所に派遣したことは注目に値する。現に伝習生の尽力により、万延元年（一八六〇）洋式銃陣を導入し、一隻目の洋式軍艦庚申丸《こうしんまる》を建造した。長州藩二隻目の軍艦は、坪井、椋梨派が安政三年に建造した丙辰丸《へいしんまる》である。

周布は文久二年（一八六二）に破約攘夷の藩是を確立し、薩摩藩や会津藩などと中央政治の主導権争いを展開する。だが、元治元年（一八六四）に禁門の変が勃発して長州征討が決定し、四か国連合艦隊により下関の砲台が破壊され、椋梨らに藩の実権を奪われる。その責任を取り、山口矢原の大庄屋吉富簡一《よしとみかんいち》宅で自刃した。享年四二であった。

一九世紀半ばは内憂外患の危機に満ちていた。そうした時代に、長州藩では藩主や家老でなく、中級家臣の村田や周布ら能吏が藩政を掌握し、山積する問題を的確に分析して改革に取り組んだ。もちろん、こうした能吏の事例は長州藩だけに限られるものではないが、村田と周布は時代と格闘したことにより、後世にまで称えられる成果を挙げ得たのである。

5　藩財政を見事に立て直した偉人、山田方谷［一八〇五〜一八七七］松山藩

谷一　尚
林原美術館館長

幼少から秀才として知られた方谷《ほうこく》

山田方谷は財政破綻寸前の松山藩の財政を立て直し危機から救った名財政家で、河井継之助（長岡藩家老）や三島中州（二松学舎大学創始者）を育てた教育者で、陽明学者でもあった。わずか八年の藩政改革で藩の借金一〇万両（現在の約六〇〇億円）を返済したうえ、余剰金一〇万両を生みだすという功績を残したことで知られている。

山田方谷は、文化二年（一八〇五）二月二一日、松山藩領阿賀《あか》郡西方村（岡山県高梁《たかはし》市中井町西方）に父五郎吉（重美）、母梶の長男に生まれた。名は球、通称は安五郎、字は琳卿《りんけい》で、方谷は号である。山田家は元武士であったが、父の五郎吉は菜種油の製造（絞油）販売を家業とし、農商として生計を立てていた。

山田方谷像（高梁市郷土資料館前）
写真提供：林原美術館

幼少より英才の誉れ高く、文化六年、

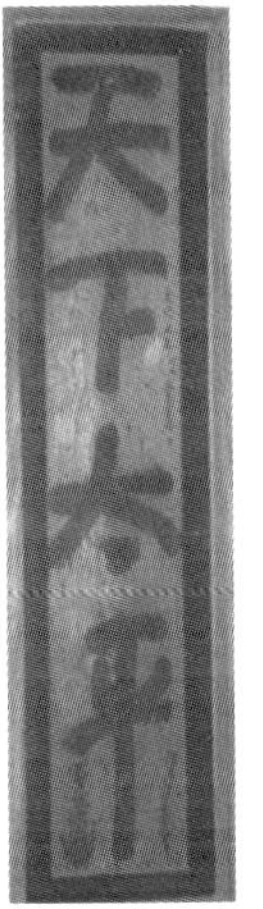

山田方谷
4歳の書「天下太平」と手形
写真提供：林原美術館

五歳で新見《にいみ》藩の儒学者丸川松隠《しょういん》の塾で朱子学を学ぶも、母に続き父も没し、文政二年（一八一九）一五歳で家業を継ぐ。文政八年、二一歳のとき、松山藩主板倉勝職《かつつね》から二人扶持を賜り、文政一〇年、二三歳で第一回目、文政一二年、第二回目の京都遊学を行い、いずれも寺島白鹿《てらしまはくろく》に学ぶ。これから戻り同年、勝職から苗字帯刀を許され士籍に列し、藩校有終館《ゆうしゅうかん》会頭（教務主任）となった。

天保二年（一八三一）、二七歳で寺島のもとへ第三回目の京都遊学を行った。前二回は年内に戻ったが、このときは夏から二年半滞在し、春日潜庵《かすがせんあん》ら陽明学者と往来している。天保五年、三〇歳で江戸に出て、佐藤一斎《いっさい》に師事した。そこで佐久間象山《しょうざん》と出会う。天保七年、三二歳で帰藩後、藩校有終館に戻り学頭（校長）となる。天保九年、家塾「牛《ぎゅう》麓舎《ろくしゃ》」を開設した。弘化四年（一八四七）、四三歳で津山藩洋式砲術役の天野直人に砲術を、庭瀬藩火砲指南役渡辺信義に火砲術を学ぶ。

方谷の藩政改革

天保一三年、方谷三八歳のとき、桑名藩主松平定永の八男勝静《かつきよ》（松平定信の孫、八代将軍徳川吉宗の玄孫）が、藩主勝職の婿養子となった。

嘉永二年（一八四九）に勝静が家督を相続し七代藩主となると、四五歳の方谷は抜擢され、元締役兼吟味役となり、藩政改革に取り組むことになる。

嘉永四年、方谷は四七歳のとき軍制改革として農民による英国式銃士隊である農兵制を創設した。この軍制は、長岡藩や長州藩でのちの奇兵隊となるなど模範とされたものである。翌嘉永五年、郡奉行に任命され、安政元年（一八五四）五〇歳で藩執政、安政三年、年寄役助勤となり、殖産興業、財政再建として破綻した藩財政の立て直しを行い、一〇万両の負債を解消し、ほぼ同額の余財を生み出した。その手法は、

一、藩の実収入が年間一万九〇〇〇石であることを公開し、債務の五〇年返済延期を実施した。実際には改革成功後、数年で完済している。

二、大坂の蔵屋敷を廃止し、蔵を領内に移設した。堂島米会所の影響を排除することで、平時には最も有利な市場で米や特産品を売却し、災害飢饉の際には領民への援助米とした。

三、家中に質素倹約を命じ、賄賂や接待を禁じて発覚の際は没収した。

四、多額の発行により信用を失った藩札七一一貫三〇〇匁（金換算で一万一八五五両）相当を回収し、公衆の面前で焼き捨て新藩札を発行した。藩に兌換を義務付け、これによ

り藩札の流通が減少、信用度も増した。
五、藩内産の砂鉄で備中鍬を生産させ、煙草、茶、和紙、柚餅子《ゆべし》などの特産品を開発し、撫育局を設置し専売制を導入した。
六、これら特産品を手数料の高い大坂を避け、藩有の蒸気船「快風丸」で直接江戸へ運び、江戸藩邸内で近隣の商人に直接販売するなどした。
　安政四年、方谷は五三歳で元締を一旦辞任するが、万延元年（一八六〇）、五六歳で藩の元締に復帰している。

　一方、勝静は嘉永三年に幕府奏者番（将軍に諸事を取りつぐ役人）となり、安政四年に寺社奉行兼帯として安政の大獄の五手掛《ごてがかり》に任じられたが、大老井伊直弼と対立し、罷免されるも、文久元年（一八六一）に復職した。方谷はこの年二月に江戸で勝静の顧問となるも、四月にはそれを辞し帰藩、五月には藩の元締も辞任した。翌文久二年、勝静は幕府老中に就任し、方谷も幕政顧問となるがほどなく辞任し準年寄役に転じた。

　文久三年、勝静は一四代将軍徳川家茂《いえもち》の上洛に随行している。方谷は四月に京都における勝静の顧問に再任されるも五月には辞任する。元治元年（一八六四）勝静は老中を退職したが翌慶応元年（一八六五）に老中に再任された。このとき、方谷も再び顧問となり幕末政局に対応したが、意を得ず帰藩している。

弟子の育成と閑谷《しずたに》学校再興

慶応四年（一八六八）一月に鳥羽伏見の戦いが勃発する。以後、明治二年（一八六九）五月の箱館戦争までの戊辰戦争の間、勝静は奥羽列藩同盟の参謀となり、方谷も幕府方諸藩の命運を背負う。

明治二年、六五歳で長瀬の塾舎を増築し、子弟教育に努め、翌明治三年に六六歳で母の故郷、阿賀郡小阪部《おさかべ》（岡山県新見市大佐小阪部）に住居を移転し隠棲する。明治五年、外祖父母を祀《まつ》るため、簡素な平屋の茶室風小庵、方谷庵（継志堂）を建立。ここで静かに晩年を過ごした。この建物はJR姫新《きしん》線刑部《おさかべ》駅から南西へ一二〇〇メートルほどにある臨済宗の金剛寺境内にある。方谷が開設した私塾小阪部塾跡は、この刑部駅の北八〇〇メートルの方谷公園内に残っている。勝海舟が題字をしたためた「山田方谷先生遺跡碑」もここにある。

方谷園（高梁市中井町西方）
写真提供：林原美術館

明治六年、六九歳で再興した閑谷学校に請われ出講する。JR赤穂線伊里駅から大谷川に沿い北東へ四キロメートルで正楽寺千住院があるが、この寺のすぐ西に熊沢蕃山宅跡があり、蕃山を慕っていた方谷はここに草庵を構えた。これが寺のすぐ北の方谷宅跡である。また、閑谷学校だけでなく、明親館（真庭市台金屋）、知本館（美咲町大戸）、温知館（同行信）など他の郷学にも出張講義した。

明治一〇年六月二六日に方谷は七二歳で没した。なおＪＲ伯備《はくび》線方谷駅は、その偉業を称え人名を駅名とした珍しい例である。方谷駅から北東へ佐伏《さぶし》川と津々川に沿って遡った西方の生誕地は、方谷園として整備され、園内に方谷自身と山田家歴代の墓がある。

6
尊王攘夷に燃えた若き河田左久馬と鳥取藩二十二士事件

鳥取藩

大嶋　陽一
鳥取県立博物館主任学芸員

幕末政局に微妙だった鳥取藩の政治的立場

鳥取藩一二代池田慶徳《よしのり》が藩主に就任したのは、嘉永三年（一八五〇）一〇月であった。慶徳の父徳川斉昭《なりあき》は、当時の幕政に強い影響力を持つ人物で、その行動や思想は尊皇攘夷派の志士たちに影響を与えた。斉昭の薫陶を受けた慶徳が藩主となった鳥取藩は、尊攘派の公家や大名、さらに志士たちにとって注目の的であった。

鳥取池田家の祖先忠継《ただつぐ》と忠雄《ただお》は徳川家康の孫であり、近世後期の池田家では「松平」をもって本姓とするなど、外様大名でありながら将軍家の家門意識が非常に高かった。さらに、八代藩主斉稷《なりとし》、九代斉訓《なりみち》のときに、将軍徳川家斉《いえなり》の子ども二人と縁組みを結び、幕府から葵紋の専用が許されるなど、名実ともに将軍家の「家門」として扱われるようになった。

このように、尊攘派からは斉昭の息のかかった藩として注目され、一方で幕府からは徳川家の家門として遇され、池田家でもそれを家のアイデンティティーとしていたことから、幕末の鳥取藩の政治的立場は尊皇と佐幕の間で揺れ動くことになった。

嘉永六年（一八五三）六月、アメリカ東インド艦隊を率いるペリーが浦賀に来航した。ペリー来航から五か月後、鳥取藩は江戸湾防備の命を受け、武蔵国本牧《ほんもく》（横浜市中区）の海岸警備を任された。翌嘉永七年三月、幕府はアメリカと日米和親条約を締結するが、鳥取藩の本牧警備は同年一一月まで約一年間続き、二〇〇〇人を超える鳥取藩士たちが本牧で警備に当たった。

本牧警備ののち、鳥取藩は品川台場（御殿山台場、東京都品川区）の警備を命じられ、約四年後の安政五年（一八五八）六月に大坂湾の天保山《てんぽうざん》（大阪市港区）の警備へ代わった。大坂湾警備は、文久三年（一八六三）六月まで実に五年間に及び、幕命による異国船警備は合計一〇年の長きにわたった。

大坂湾警備では、朝廷が命じた文久三年五月一〇日の攘夷期限（外国船の打ち払い期限）の一か月後の六月一四日、鳥取藩の警備隊が大坂湾上の英国船に砲撃する事件があった。この砲撃事件については、異説もあるが、藩主慶徳はこれを大いに喜び、家臣に称美の褒状を与えたという。大坂湾の警備ののち、幕府により藩主慶徳の上洛と京都の警衛が鳥取藩に命じられる。この命令がのちの「本圀寺事件《ほんこくじ》」へとつながっていく。

藩主側近が惨殺された本圀寺事件

本圀寺事件は、三条実美《さねとみ》ら尊攘派公家が京都から追放される「八月一八日の政変」前日の文久三年八月一七日、禁裏警衛のための鳥取藩の本陣となっていた京都の本圀寺において、藩主側近が尊攘派の二二人の藩士によって襲撃された事件である。

当時、藩内では、藩主に尊攘派の公家や大名と連携した動きを推進させようとするグループと、そうした尊攘派と一定の距離を置こうとする藩主側近グループらによって藩論が分裂していた。

本圀寺事件の直接のきっかけは、前日の八月一六日に京都市中に貼られた、藩主慶徳を天皇に対する「逆賊」と誹謗中傷する貼り紙であった。翌一七日深夜、その汚名をそそぐ

河田左久馬
写真提供：鳥取県立博物館

ため、河田左久馬《さくま》（景与《かげとも》）以下二二人の尊攘派の面々が、藩主側近の宿所を襲撃した。これにより、側近の黒部権之介、早川卓之丞、高沢省己《みき》、加藤十次郎が死亡してしまう。

二十二士は、その多くが三〇歳以下の少壮の藩士で、藩校の若手学者や他藩との外交部門に属す人物であった。特に、事件の首謀者のひとり河田左久馬は、鳥取藩の伏見留守居で、京都の情勢に精通するとともに、襲撃直前に長州藩へ使者として派遣されるなど、長州藩士に知己を多く有し、彼らの尊攘論に共鳴していたという。

本圀寺事件は、藩主側近を斬殺するというテロ事件であったが、藩政に与えた影響も少なからぬものがあった。まず、藩主慶徳は信頼する優秀な側近を一気に失うことで、意志決定の後退などに影響が出た。さらに、慶徳が体調を崩したことで、藩政は混迷を極めた。

二十二士たちのその後の運命

二十二士は、襲撃後知恩院の塔頭良正院で藩の沙汰を待ったが、その間脱落や切腹により二人が欠け二〇人となったため、二十士とされる場合が多い。二〇人の志士は藩主から謹慎処分が言い渡され、伏見藩邸、伯耆国黒坂（鳥取県日野町）、鳥取城下で約三年にわたって幽閉された。

慶応二年（一八六六）七月二七日、二十士は長州藩との接触を図るため、鳥取城下を脱走した。時折しも第二次長州征伐（幕長戦争）中で幕府側が長州に連戦連敗を喫していた時期であり、その混乱に乗じての脱出であった。慶徳は激怒し、藩兵を出動させて討ち取りを命じた。また、側近遺族らも仇討ちを許可され、鳥取を出発した。

八月一日、途中一人が備前岡山へ向かったため一九人となった一行は、風待ちのため出雲の手結浦《たいのうら》（島根県松江市手結）に船を泊めた。そこで、取り調べの松江藩の役人と交渉が行われ、中野治平、詫間半六、吉田直人《なおんど》、太田権右衛門の四人と同行していた詫間の弟子中原忠次郎が居残り、他の者は船を出航させた。八月三日、松江藩兵と鳥取藩兵が手結浦を取り囲むなか、鳥取からやって来た遺族ら一八名によって仇討ちがなされた。

難を逃れた一五人の志士は、石州江津《ごうつ》（島根県江津市）に拠《よ》る者や長州に行く者などに分かれた。慶応四年正月、鳥羽伏見の戦いにおいて鳥取藩は官軍側につき、藩論も「一藩勤王」に決まり、朝敵の旧幕府軍と敵対することになった。長州藩と行動をともにした河田左久馬は、のちに官軍の参謀となり、戊辰戦争で活躍する。この間、十五士たちはいずれも藩主から帰参を許され、それぞれの道を歩むことになる。

明治四年（一八七一）一一月、廃藩置県により鳥取藩は廃止され、新たに鳥取県が設置されることになるが、その初代知事（県権令）には河田左久馬が任じられた。

二二人の若き侍が起こした事件は、直接的に藩論をまとめ尊皇攘夷へと藩を進むよう導くことはできなかった。しかし、若者たちが天下国家を想い、その実現のため起こした行動は、多くの人の心を捉え、今でも鳥取の人々によって語り継がれている。

徳川政権が安泰の時代、各藩に求められた人材は
武人ではなく科学技術の知識や政策実務能力に
卓越した逸材であった。
新田や鉱山開発、灌漑、医学など
藩の産業発展に尽くしただけでなく
日本の近代化に大きな足跡を残した
官僚や専門家たちと共に
産業や文化に寄与した人々を追う。

鳥取城跡

第3章

各分野で藩と領国を支えた人たち

第1節

江戸期の官僚と専門家

仲野　義文
石見銀山資料館館長

1 石見大森銀山を支配した大久保長安〔一五四五〜一六一三〕

徳川家康と金銀山

江戸幕府を開いた徳川家康は、元和二年（一六一六）四月に七五歳で生涯を終えた。『久能御蔵金銀請取帳』によると、家康が生前蓄えた資産は、金四七〇箱（一箱二〇〇〇両入）、銀四九五三箱（一箱一〇貫目入）、銀銭五五〇両にも及んだという。これらの莫大な金銀は、石見をはじめとする幕府直轄鉱山によってもたらされたものであり、家康の強大な権力基盤はまさにこうした金銀山によって支えられていたといえるであろう。しかも、統一貨幣の鋳造や対外貿易といった幕府の重要政策もまた金銀と深く結びついており、その意味で天下人家康にとって金銀山の領有と支配は極めて重要な政治テーマであったといえるのである。

大久保長安の登場

家康による石見銀山の直轄化は、関ヶ原の戦い終結後のわずか一〇日という極めて早い段階で行われた。慶長五年（一六〇〇）一一月には重臣大久保長安、彦坂《ひこさか》小《こ》刑部《ぎょうぶ》の両名を石見に下向させ、毛利氏配下の銀山役人との間で引き継ぎを行わせた。翌年には大久保長安を石見銀山奉行に任命し、その支配にあたらせた。

長安は、天文一四年（一五四五）、戦国大名武田氏に仕える猿楽師、大蔵大夫の次男として甲州に生まれ、幼名を藤十郎と称した。のちに武田氏の家老衆である十屋直村から姓を授けられ、兄と共に武田氏の家臣として召し抱えられた。武田氏の下では蔵前衆のひとりとして蔵入地（直轄地）の年貢収取や土木工事、さらには鉱山開発などにも携わり、次第に頭角を現していった。天正一〇年（一五八二）に武田氏が滅亡すると、徳川家康に召されその家臣となった。

彼は伊奈忠次、彦坂小刑部、長谷川長綱らと共に代官頭として地方行政や交通、都市建設など多分野に活躍し、家康政権下の基礎づくりに重要な役割を担った。その支配地域は、信濃、甲斐、伊豆、美濃、佐渡、越後、大和、石見に及び、一説には一二〇万石に達したともいわれている。そのため、銀山奉行に就任したといっても石見国への下向は都合六度であり、支配にあたっては現地の銀山役人に対して「覚」という書状によって指示したのである。

銀山奉行に就任した大久保長安はまず、銀山支配の基礎となる検地を実施している。石見国の検地は慶長七年（一六〇二）から実施され、慶長一一年には完了したが、那賀郡の検地では自ら現地に赴き、また検地役人についても甲斐の平岡岡右衛門、木曽の馬場半左衛門、信州の千村平右衛門といった長安子飼いの手代を各地から派遣するなど入念に行っていることがうかがわれる。

のちに陣屋町となる大森町の建設を指示し、さらには領内の道普請についても積極的に行ったが、そのなかには「銀山街道」と呼ばれる銀山から備後国尾道までの銀輸送路も含まれている。

しかし、彼の最大の功績は、石見銀山に第二次のシルバーラッシュをもたらせた点にあったことはいうまでもない。

鉱山支配の刷新

『当代記』によると「石見国金山も倍増して四五千貫目被納、是も先代毛利輝元の時は僅の義也、家康公分国になりしより如此、右之両国大久保石見守拝領也」とあり、石見の繁栄が、長安の存在によるものであったことを指摘している。こうした背景には、彼自身が構築した新たな鉱山支配の仕組みがあったといってよいであろう。

長安の鉱山支配の特徴は、第一に御直山という陣屋が鉱山経営を直接支配、管理する仕組みを導入した点である。

例えば、長安以前の戦国大名毛利氏の場合、あらかじめその年の諸役銀の総額を定め、それを毛利氏側近の銀山奉行に指示し、銀山奉行は現地にいる銀山役人にこれを命じて諸役銀公納を請け負わせた。さらに間歩役、京見世役、酒役などの個別の諸役については、同業者集団（座および組）や特定の個人を基本として役を請け負わせるという、間接的なものであった。

これに対して長安は、個別の間歩や、山師およびそれに属する銀掘等の技術者を、陣屋が直接支配する仕組みをとり、その上で個々の間歩経営に関しても厳しく管理したのである。

釜屋間歩と階段の遺構　写真提供：島根県観光ギャラリー

さらに、疎水坑道の掘削や有望な間歩の開発については公費投下を進め、銀山に第一次のシルバーラッシュをもたらした。なかでも山師安原伝兵衛が開発した釜屋間歩は、一年に銀三六〇〇貫（一三・五トン）の運上を家康に公納したといい、伝兵衛はその功績を認められ、伏見城での御目見を許され、「備中」の官途名《かんど》*と、着用の御羽織（辻ヶ花丁子《つじがはなちょうじ》文道服《もんどうぶく》）および御扇を直々に賜った。

一方、長安は製錬所である吹屋の直営化も行っている。ところで吹屋の直営化に関連して注目すべき事柄として、このころ水銀アマルガム法（「水金流し」）の導入を図ろうとしていることである。水銀アマルガム法は、一五五五年スペイン人のバルトロメ・デ・メディーナがメキシコのバチュカ鉱山で完成させたのが始まりで、以後ボリビアのポトシ銀山など中南米の鉱山で広く導入された。文献資料によると、長安が関与した佐渡や伊豆と同様石見でも「諸口屋、ふきや、水かねなかし油断なく見廻り候口屋」とあり、その実施が認められる。外国の先端技術の導入にも積極的であったことがうかがわれる。

長安は慶長一八年（一六一三）四月二五日に六五歳で死去した。死後、遺体は葬儀のため駿府から甲州へと運ばれたが、数日後、家康により葬儀は中止、さらに遺子七名の処罰を命じられた。理由には幕府転覆説、キリシタン説などの諸説があるが、幕府内部の権力闘争との見方が有力である。

ところで、家康によって処罰された長安だが、石見銀山では一五〇回忌、二〇〇回忌、二五〇回忌と、年忌法要が行われた。また、寛政六年（一七九四）には彼の功績を称える

＊官途：主君が武功をあげた家臣に特定の官職を許すこと（「官途名」はそれにより与えられた官職名）。

紀功碑が、代官菅谷弥五郎の撰文、大森町曹洞宗観世音寺住持佐和華谷の書によって建立されている。そこには幕府の思惑とは異なり、長安への地元の想いと、江戸中期から銀が産出できなくなっていた銀山再生への期待が込められていたものといえるであろう。

2　出雲平野の新田開発に従事した地方役人岸崎左久次

［生年不詳～一六九〇］　松江藩

多久田　友秀
島根県近世史研究会会員

地方農政の基礎を築く

いわゆる武断政治から文治政治へと転換する時代、それは、戦国時代が遠く過ぎ去り、幕府および諸藩において行政機構が確立する時期であった。ここで必要とされた人材の条件は、戦場での武功ではなく、開発や治水などの実務能力の有無であった。

岸崎左久次《さくじ》は、本名（諱《いみな》）を時照《ときてる》といった。生年についてはけっきりしないが、寛永年間の生まれと推定される。松江藩士の履歴を記した『列士録《れっしろく》』によれば、同名の父が寛永一五年（一六三八）に松江に入部した松平氏の初代藩主直政によって、徒《かち》として一五石四人扶持で召し抱えられており、正保三年（一六四六）にその父が亡くなると跡を継いだ。慶安三年（一六五〇）より勘定所に出仕し、万治元年（一六五八）に郷方役《ごうかたやく》となった後、寛文五年（一六六五）に新知一〇〇石で士列に加わることになり、翌六年から延宝六年（一六七八）まで地方役《じかたやく》を務めた。さらに、延宝七年から郡奉行《こおりぶぎょう》に就任し、在職のまま元禄三年（一六九〇）に没している。都合三九年間にわたって農政に携わり、地方農政の基礎を築いた功績によって立身出世を遂げた、実務官僚の代表格であった。

差海《さしみ》川の開削と荒木浜の開拓

一七世紀の一〇〇年間は、幕府諸藩において新田開発が進められ、耕地面積の増加をみた時期であった。松江藩では、とりわけ出雲平野の新田開発が著しかった。堀尾氏の後に入国した京極氏によって、斐伊《ひい》川の河道を固定する大規模な堤普請が開始され、この事業は、続く松平氏の治世になって完成をみた。万治元年、斐伊川の河道に併せて郡域の再編がなされ、新たに地方役人も設けられた。ここに、松江藩の農政が展開する基盤ができ上がり、各地で藩が関与する河川開削や新田開発が進められていった。

岸崎が関係した出雲平野の開発に、差海川の開削があった。現在の神西《じんざい》湖から日本海に注ぐ排水路を開削し、水位を下げて湖周辺の開発を進めるものであった。長州出身の医師間島作庵と神西沖村の藤崎五右衛門の発案によるものといわれ、神門《かんど》郡の郡奉行であった

神西湖　写真提供：島根県観光ギャラリー

岸崎が人夫を動員してこれを指揮し、貞享三年（一六八六）に完成した。さらに、元禄二年には、神戸《かんど》川本流から取水して神西湖に注ぐ十間《じっけん》川の開削が、同人の下で実施された。
また、出雲大社の南方に広がる砂地であった荒木《あらき》浜の開拓にも関係している。計画はまず、防砂林を築いて新町を造り、人々を入植させて開発を進めるものであった。停滞を挟みながらも、地元の大梶七兵衛らの尽力により、貞享四年に斐伊川本流から用水として高瀬川が開削され、事業が伸展した。この結果、荒木新田（藩領）と出雲大社領との境界問題が発生することになり、この境界画定の任に当たったのも岸崎であった。

『出雲国風土記』を研究

農政官としての岸崎は、その経験と実務上の必要から、松江藩経済の二大農政書となる二つの著述を残している。一つは租税の算出方法に関わる『免法記《めんぽうき》』であり、一つは租税を含む農政全般について記した『田法記《でんぽうき》』である。『免法記』は、寛文一年に、『田法記』

は天和二年（一六八二）に著されたものである。後者は、税制に加えて、公平を旨とすべきであるといった民政の対処方法から、急流のせき止め方法などの農業土木の技術まで、農政官として在地社会と関わって習得した職務成果の集大成となっている。

さらに、実地で農政に従事した岸崎は、各地に足を運んで地理に通じており、その視線を『出雲国風土記』の研究へと向けた。この成果が、天和三年に著された『出雲風土記抄』である。同書の序文で岸崎は、ある人からこの国には風土記があるが、天平年間より今に及んで年月が経ち、里人に尋ねても由来を誤るばかりである。これを正して記せば後の助けになるからと強く勧められたのが、執筆の動機であると述べている。村浦山野から寺社仏閣に至るまで、風土記の記述について考察し、実地の比定を試みている。最初の『出雲国風土記』の研究書と評価されるもので、現在でも必ず参照される文献になっている。

岸崎左久次時照の墓碑（万寿寺）

『列士録』によれば、左久次の死後、岸崎家は九歳の子息が相続した。しかし、安永三年（一七七四）にのちの当主が江戸勤番中に出奔してしまったため家名断絶となってしまう。

左久次の功績により、一〇人扶持をもって家名の復活が許されたのは、幕末の元治二年（一八六五）のことであった。現在、岸崎左久次の墓碑は万寿寺《きんじゅじ》（松江市奥谷町）にある。

岸崎左久次は、租税法の整備や新田開発を手掛けるなど、その後の松江藩農政の礎を築いた人物であった。加えて、一官史の枠を超えた、『出雲国風土記』の実証的な学問研究における先駆者でもあったのである。

3　広島城下町のグランドデザインを描いた平田屋惣右衛門　［一六世紀末］広島藩

秋山　伸隆
県立広島大学教授

毛利氏の招きで出雲から広島へ

今日の広島市の都市的発展の起点が毛利輝元による広島築城であることはいうまでもないが、城下町の建設に深く関わった出雲国の商人平田屋惣右衛門《そうえもん》（佐渡守）の存在は、一般にはあまり知られていないようである。

江戸時代に編さんされた広島城下町の地誌『知新集』によれば、平田屋惣右衛門は出雲国の出身で、尼子氏の時代には「佐渡」と名乗り、新田を開発して「平田」と名付けて、やがて家名とした。のちに惣右衛門と改め、広島築城時に毛利氏の招きに応じて広島に来て、家地三〇間を与えられ、町人頭として町中の支配に当たった。毛利氏が惣右衛門を呼び寄せたのは、彼が「城普請、町割」に巧みであったからで、もっぱらこれに従事した。

慶長五年（一六〇〇）に福島正則が広島に入部したとき、惣右衛門は出雲国に帰って剃髪して「宗加」と名乗っていたが、福島正則に呼び戻され、大年寄役を命じられた。平田屋町（広島市中区本通の東半分）は、かつて平田屋惣右衛門が住んでいたため町名となり、橋を平田屋橋、川を平田屋川（並木通り、地蔵通り）と呼ぶ。

以上が『知新集』の記述である。なお、平田屋惣右衛門は、広島築城前後の時期の史料では、すべて「平田屋佐渡守」と現れるので、以下では平田屋佐渡守と呼ぶことにする。

出雲国における平田屋佐渡守の活動については、断片的な資料をつなぎ合わせていくと、おぼろげながらその姿が浮かび上がってくる。まず平田屋佐渡守が、天正一六年（一五八八）九月、平田保（出雲市平田町）の領主である吉川広家の「代官」を務めていたことが、熊野権現宮（出雲市平田町の宇美神社）の棟札で確認できる。

次に、「平田屋」が出雲大社の門前町である杵築（出雲市大社町）に間口一〇間半という大きな屋敷を構えていたことも分かる。「平田屋」という屋号を持つ杵築の有力商人は、天正四年にすでに確認できる。その屋号「平田屋」は、もともとは平田の出身で活動の本拠を杵築に移し、平田と杵築の間の交易などを担う商人であったことを意味するのであろう。

さらに重要なことは、平田屋佐渡守が「杵築御蔵本」の一人でもあったことである。「蔵本」とは、年貢米の収納、管理、支出などを行って、領主や大名の財政に深く関与する特権的な商人である。平田屋佐渡守は、広島築城以前から吉川氏や毛利氏と深い関わりを持っていたのであり、彼が広島に招かれたのは、土木の才能や経験だけではなく、その経済力にも期待されたからであろう。

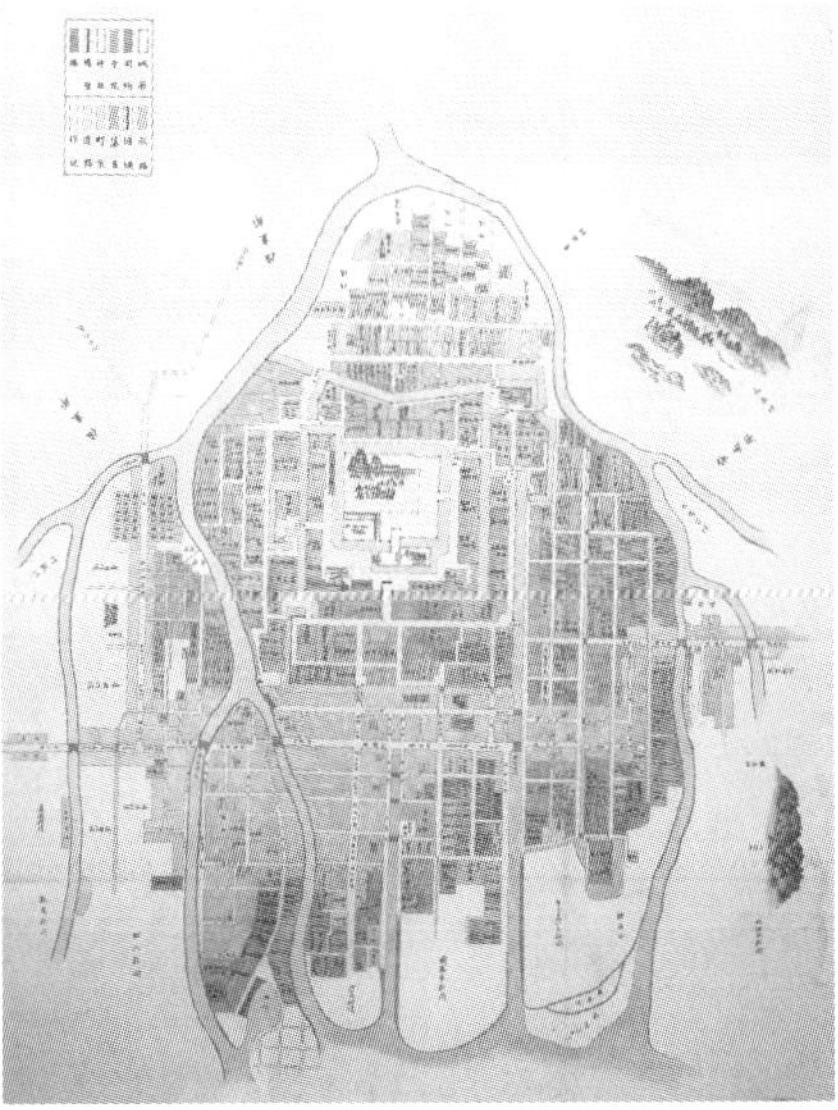
寛永年間広島城下図　画像提供：広島城

ちなみに平田屋佐渡守の出身地である平田は宍道湖西岸に位置し、古くから交通および商業の要地であった。平田の町と宍道湖は、蓮の花が咲き乱れる低湿地を通る水路で結ばれており、宍道湖の水運を利用すれば、東岸の松江方面ともつながっている。西は杵築町と陸路で結ばれ、そこからは日本海の水運ともつながっている。毛利氏が尼子氏と覇権を争った時期も、平田は毛利方の物資の集散地、中継地としての役割を果たしていた。

ところで、『知新集』によれば、平田屋佐渡守は「城普請、町割」などのことに巧みであったという。「町割」とは、現代用語でいえば、「都市計画」あるいは「まちづくりのグランドデザイン」といった言葉に相当する。平田屋佐渡守が描いた城下町広島のグランドデザインとは、どのようなものであったのだろうか。

城下町広島のグランドデザイン

毛利氏は、太田川河口のデルタ地帯に、広島城と城下町を建設した。江戸時代の絵図を見ると、城下町と瀬戸内海は、「平田屋川」と「西堂川」（紙屋町から広島市役所前に至る電車通りに相当）という二本の運河で結ばれている。この工事は築城と同時並行で進められ、「堀川（堀河）普請」とも呼ばれ、吉川広家の家臣団や職人たちが参加していたことも史料的に確認できる。広島の「町割」に平田屋佐渡守を起用するよう毛利輝元に進言したのは、吉川広家であった可能性も否定できない。

道路についていえば、太田川河口デルタのはるか北側を迂回していた山陽道は、広島築城にあわせて城下に引き寄せられた。山陽道が、八丁堀から南へ流れる水路（それが平田屋川につながっている）に架かる橋が平田屋橋であるから、平田屋佐渡守の屋敷があったのもその場所である。

このことは、城下町と瀬戸内海を二本の運河で結び、山陽道を城下町に引き入れるというグランドデザインを描いたのが、平田屋佐渡守であったことを示唆する。さらに想像すれば、平田屋佐渡守がヒントとしたのは、宍道湖と水路でつながり、杵築とは陸路で結ばれて出雲国中部の中心的な都市として発展した平田の町の姿ではなかったのだろうか。

『知新集』によれば、平田屋は七代目に至り家が衰え、ついには新組足軽となり天明年間（一七八一～八九）のころ、平田屋町を退転したと伝えられている。

宍道　正年
松江歴史館専門官

4
宍道湖の治水に尽くした清原太兵衛［一七一二～一七八八］松江藩

水利、土木に精通した太兵衛《たへえ》

斐伊川をはじめ宍道湖に注ぎ込む川は二〇本以上あるが、ただ一つ湖から日本海へ流れ出る川は佐陀《さだ》川だけである。松江市浜佐田《はまさだ》町の湖岸から鹿島町恵曇《えとも》の海岸まで、全長約八キロメートル、川幅約三六メートル。江戸時代に、清原太兵衛が開削《かいさく》した人工の川として有名である。

古くは奈良時代、天平五年（七三三）、『出雲国風土記』によれば、鹿島町佐太《さだ》神社前付近以南、ちょうど佐陀川の南半分に当たる流域を「佐太川」という川が、宍道湖に向かって、平野の中央部をまっすぐに南流していた。

それが江戸時代の佐陀川開削直前には、神社の南、約二〇〇メートル付近から、東へ急に折れ曲がった形となり、今の上佐陀《かみさだ》町の丘陵すそに沿って南下していた。古代の「佐太川」の川跡は水田化されていた。西の古志《こし》町と東の上佐陀町の間に広がる平野一帯は水田地帯となっていた。このことは大正四年（一九一五）の大日本帝国陸軍作製地図、明治七年（一八七四）ごろの旧島根郡上佐陀村絵図および佐陀川開削四七年前の元文五年（一七四〇）「秋鹿《あいか》郡絵図」からいえる。

太兵衛は正徳元年（一七一一）、今の松江市近郊、島根郡法吉《ほっき》村の農家に生まれた。二歳のとき、父と死別し、同郡菅田《すがた》村の母の実家で育てられた。幼少のころから算術など学問に優れ、一五歳になると松江藩士青沼六左衛門家に奉公し、やがて二一歳のときには、家老三谷権太夫長逵《ながみち》に取り立てられて、松江藩に仕える。

特に水利、土木分野に精通し、天明二年（一七八二）には普請方吟味役《ふしんがたぎんみやく》となる。松江城三之丸御殿も浸水するなど、しばしばあふれる宍道湖の洪水対策として、湖の水を直接日本海に排水する佐陀川の開削を、藩に対して一〇年間に一二回も出願した。

その熱意がやっと認められ、自ら普請奉行として工事に着手したのは天明五年、七五歳の高齢になってからであった。約三年をかけた大事業となった。

難工事だった佐陀川の開削

この事業について、工事の詳細な資料は残っていない。流路に従って考えれば、まず湖岸に続く沼地（潟ノ内《かたのうち》）の中に左右両岸の堤防を設けることから始まる。言い伝えによれば、足がズブズブ沈むほどの湿地で、作業は大変困難だった。

次に、その北側に開けていた水田地帯には、個々の水田の境界は無視した形で、ほぼ中央に約一キロメートルの一直線の川筋を設定した（ちょうど古代の「佐太川」と重なる形になる。明治七年ごろの絵地図では、まっすぐに水田地帯を貫き通した新設佐陀川が表現されている）。土地の無償強制収用方式を採ったので、人目につかない夜間に、測量杭打ち作業が行われた。流域に「太兵衛ガニ」という名前のカニが生息している。昼間はじっとしていて、夜になると活動する習性を持つ。太兵衛の夜間作業への反感から名付けられたらしい。そして佐太神社前から今の鹿島中学校西側に至る約一キロメートルのコースも

佐陀川　写真提供：松江市教育委員会

難工事個所だった。近年実施された中学校西口の丘陵斜面での発掘調査によれば、川底から掘り上げた土砂をわざわざ一〇メートル以上も高い丘陵まで運び上げている。積み上げた土の厚さは約一メートルもある。おまけに排土置き場は少なくとも両岸数百メートルの範囲に及んでいる。機械力に頼らず、人力のみで、これだけの大量の土砂運搬を行った事実はまさに驚きである。

最後に佐陀川が日本海に直結する鹿島町恵曇では、海の荒波によって河口が壊れないように、左岸に四八間（約九〇メートル）の石波止場《いしなみとめば》（防波堤）を造った。これも大変な工事だった。このように難工事個所がいくつもあったり、作業中に犠牲者が三名出たりして、太兵衛の精神的な苦痛は相当なものだった。それを見事克服し、ついに天明八年（一七八八）一月一一日の竣工に至ったが、惜しいことに、太兵衛はそのわずか二か月前、一一月二八日、佐陀川の完成を見ずに七七歳で逝去した。

佐陀川開削の効果は十分に上がった。まず、洪水については根本的な解決にまで至らなかったが、かなり緩和された。竣工以後も、寛政から文政、天保以降幕末まで二〇回あまりの洪水が発生した。これは佐陀川の外海への排水能力の低さに起因している（現状では宍道湖と恵曇の出口付近の河床の高低差がなく、潮の干満差一七〜一八センチメートル。普段は大橋川という一級河川でまかなわれているので、今は開削当時の通水能力の三分の一に減少したのではないかという説もある）。

二番目は潟ノ内の中に水田が広がったことである。かつては腰から胸のあたりまで、はまり込んでしまうほどの沼田だったが、近年まで土地改良工事が続けられ、今や湖北地帯有数の美田地帯の一角を占めるようになった。

三番目は佐陀川を利用した水運による経済効果である。結果的にはこれが最大効果となった。城下に集めた産物を出雲国外へ積み出しする折、また逆に他国から物資を移入する折、それまでの中海―美保関という長距離ルートに加えて、宍道湖―佐陀川―加賀（松江市島根町）という最短コースができ、大幅な時間短縮が可能となった。藩のその後の産業経済発展に、太兵衛による佐陀川開削が大きく貢献したのである。

その功績を称え、生誕三〇〇年を記念して、平成二一年（二〇〇九）一一月二一日、鹿島町名分《みょうぶん》の「さいのかみ公園」において、清原太兵衛銅像除幕式が盛大に行われた。これからも日々、測量道具を手にしながら、おだやかに流れる川面を、豊かな人間性が醸し出された表情で、優しく見つめていくことだろう。

5
医学発展に尽くした宇田川三代
［一八～一九世紀前半］津山藩

尾島　治
津山郷土博物館館長

世代を超えた宇田川家の貢献

宇田川三代とは、津山藩松平家の藩医であった宇田川玄随《げんずい》、玄真《げんしん》、榕菴《ようあん》を指す。彼らは津山藩松平家の家臣たる医者として、藩主やその家族の診療にあたる傍ら、さまざまな西洋の書物を訳述出版し、日本の近代化、ことに医学の発展に貢献した。また、医学に欠かせない薬学や化学の学問的基礎を築いた。

ところで、なぜ、宇田川三代なのか。次世代には、幕末の緊迫した外交交渉において活躍した宇田川興斎をはじめ、その後も優秀な人材を輩出したではないか。

すなわち、この言葉は、単に優秀な三世代が続いたことから一括りにしているのではない。そこには、世代を超えた宇田川家の家業として、日本の近代医学発展に寄与した学問の道筋が存在し、三代それぞれが欠かすことのできない役割を果たしたことが含意されているのである。

わが国初の西洋内科書を刊行した玄随

宇田川家が津山藩に召し抱えられたのは、玄随の父道紀のときである。宝暦二年（一七五二）四月のことであった。道紀は伝統的な漢方医であって、宇田川家と洋学との関わりはまだなかった。

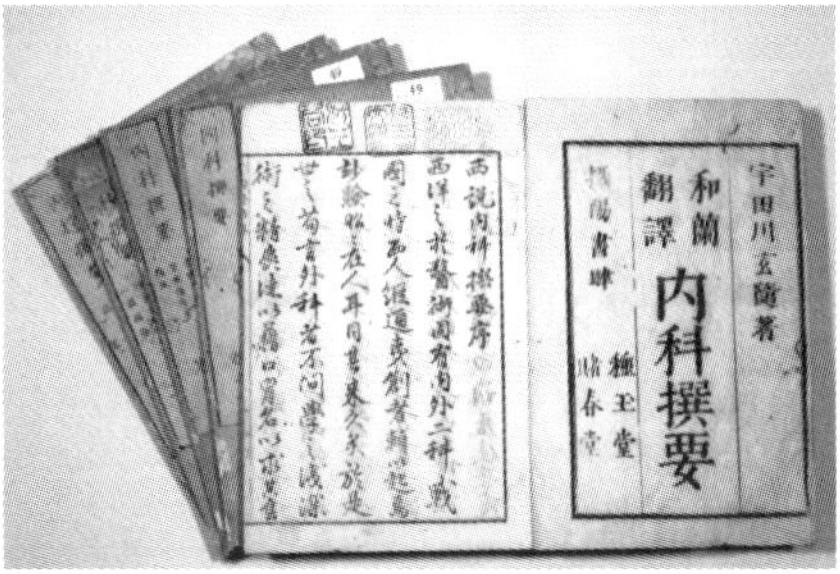

『西説内科撰要』　資料提供：津山洋学資料館

宝暦五年一二月、江戸城鍛冶橋門内の津山藩上屋敷に生まれた玄随は、そのまま屋敷内で成長したが、幼くして両親を失ったため、道紀の跡を継いだ叔父の玄叔に育てられた。

玄随は、後になって、若いころには西洋の医学に対して偏見を持っていたと自ら述べているが、オランダ外科を専門とする幕府の医師桂川甫周《ほしゅう》との出会いが、彼の人生を大きく転換させることになったという。玄随二五歳であった。

その後、大槻玄沢《おおつきげんたく》や前野良沢らからオランダ語を習得すると、新しい西洋医学書の翻訳に着手し、さまざまな業績を残していくことになるが、なかでも苦難の末に完成させたのが、『西説内科撰要《せいせつないかせんよう》』一八巻の原稿であった。蘭学といえば外科中心であった当時にあって、初めて本格的に西洋の内科を取り上げた翻訳書であった。この後、内科学は宇田川家の家学となっていくのであるが、玄随はさらに先を見越して、内科治療に必要な薬物にも目を向けていた。

しかし、玄随は、残念ながら『西説内科撰要』の刊行完了を見ることなく、寛政九年（一七九七）一二月、四三歳の若さで世を去ってしまう。跡を受けた玄真によって全巻刊行が成ったのは、玄随の死後一三年を経た文化七年（一八一〇）であった。

明和六年（一七六九）に生を受けた玄真は、やはり漢方医学を学んでいたが、成長するに及んで玄随の門下生となった。やがて玄随の養子となり、寛政一〇年四月に家督を相続すると、宇田川家の家学である内科学を中心として洋学研究を深めていき、わが国初の銅版画による解剖図を載せた『医範提綱《ていこう》』や、玄随の思いを受け継いで、養子の榕菴と共に完成させた薬物の解説書『遠西医方《えんせいいほう》名物考』三六巻など、数多くの訳述書を著した。

宇田川玄真　画像提供：国立国会図書館

玄真は、宇田川家の中でもことに語学に優れていたといわれ、自身の関心による訳述のみならず、大槻玄沢のような一流の洋学者からの依頼による翻訳も手掛けている。

そして、その学問は幕府でも高く評価され、文化一〇年四月には、幕府天文方高橋作左衛門の下で「阿蘭陀書籍和解御用」を務めるよう命じられ、幕府の用務としてオランダ書籍の翻訳にも携わることになった。

植物学と化学でも業績を残した榕菴

天保三年（一八三二）二月、老齢と病気のため隠居した玄真の跡を継いだのは、文化八年に一四歳で玄真の養子となっていた榕庵である。このとき、寛政一〇年生まれの榕菴は三四歳。漢学、洋学ともに身に付け、すでに津山藩に出仕して医者や洋学者として活動しており、文政年間からは、『ショメール百科辞典』翻訳などの幕府御用にも参加していた。

榕菴は、「清楽」や「洋楽」にまで及ぶさまざまな分野で多彩な能力を発揮した人物であるが、『植学啓原』三巻や『舎密《せいみ》開宗《かいそう》』二一巻を翻訳出版するなど、植物学と化学の分野で特に大きな業績を残している。その背景には、薬学に取り組むなかで、薬学の基礎として植物学の重要性を知ったことがあった。そして、このことは必然的に、成分の分析と化合を究める化学へと榕菴を導いていったのである。

このようにして、宇田川家の三代の洋学者三人の業績を概観してみると、それぞれの学

宇田川榕菴
画像提供：国立国会図書館

問に特徴があり、洋学のさまざまな分野で活躍したことが分かる。しかし、そこには彼らの世代を超えて通底するものがある。それが、宇田川家の家学として受け継がれていった内科学なのである。その流れのなかに、日本における西洋内科の新しい世界を切り開いた玄随がいて、内科の医療を実践するための薬学を広めた玄真が続き、治療のための製薬に必要な植物学や薬学、化学を学問として定着させた榕菴がいたのである。

宇田川家は箕作《みつくり》家と共に学問の家として知られ、幕末から明治にかけて、新しい学問の分野で優れた業績を挙げた人物を数多く輩出している。ここで紹介した三人のみではない。しかし、それでも後世において、あえて宇田川三代と称されるのは、日本の西洋医学の発展において玄随、玄真、榕菴の残した功績が、それだけ先進的であり偉大であったという証しなのである。

6　藩医から開国後の「蕃書調所」教授になった箕作阮甫〔一七九九〜一八六三〕津山藩

尾島　治
津山郷土博物館館長

外交交渉にも随行した阮甫《けんぽ》

嘉永六年（一八五三）六月三日、アメリカ東インド艦隊司令長官ペリー率いる四隻の軍艦が浦賀沖に来航し、幕府がその対応に追われたとき、アメリカ大統領フィルモアからの国書翻訳を命ぜられた者たちの中に、箕作《みつくり》阮甫の名があった。阮甫は津山藩の藩医であったが、幕府からの要請によって幕府天文方にも出仕しており、外国文書の翻訳を担当する和解御用を務めていた。このとき阮甫は五五歳、日本を代表する洋学者であった。

阮甫の洋学研究は医学のみにとどまらず、幅広い分野に及んでいた。地理の分野での『八紘通誌』、語学関係では『和蘭文典』の刊行などもあり、ほかに歴史や科学技術の研究にも関心を示していた。阮甫の優れた語学力と幅広い学識は、幕府の外交交渉には欠かせないものとされ、同年長崎でのロシア使節プチャーチンとの交渉に際しても、主要な交渉要員であった幕府勘定奉行川路聖謨《かわじとしあきら》への随行を要請されている。

藩主の診察の傍ら、江戸を行き来

阮甫は、寛政一一年（一七九九）の生まれとされ、兄たちの死去に伴い、文化七年（一八一〇）、美作国津山城下町で医を業としてきた箕作家の家督を継ぐこととなった。

少年期の阮甫は、津山藩の儒者永田敬蔵のもとに同居しながら学び、その後、文化一三年三月、医術を修めるため京都に上って、漢方医竹中文輔の下で三年を過ごした。

文政二年（一八一九）二月、医術の修業を終えた阮甫は津山に帰り、一度は永田敬蔵の屋敷に戻ったが、すぐに町人の町である三丁目に家を借り、当時の言葉で「調合場」を構えた。これは、実際の治療行為としての医術を修業するためであった。机上の学問のみではなく、医者としての実践を重視する姿勢が見られる。

そうした研鑽の成果が認められたのか、文政五年六月、御小姓組御匙代*となり、家禄も五〇石となった。そして、その翌文政六年五月には、藩主の供で江戸に行くことになる。その後は、藩医として藩主一族の診察などに関わりながら、参勤交代の供として江戸と津山を行き来している。このころから、江戸では津山藩の洋学者宇田川玄真に学んでいたという。天保二年（一八三一）三月、阮甫は、家族を連れて江戸へと発って行った。向こう一〇年の江戸詰を命じられての津山出立であった。三三歳になった阮甫にとって、ここに本格的な洋学研究への道が開けたのである。

＊御匙代：藩主のお付きの医師。

日常的な医者としての活動に加え、江戸での洋学修業の成果は、西洋の書物の訳述書として結実していった。天保七年には、緒方洪庵や牧穆中《まきぼくちゅう》らと共に、医学専門雑誌の創始ともされる『泰西名医彙講』第一輯《しゅう》を編集刊行し、日用の参考となる最新研究の訳述を掲載した。

天保一〇年六月、阮甫は、藩医としての家業の合間に幕府の天文方役所に出仕して、蕃書和解御用手伝を勤めるよう命じられた。当時、和解御用に従事していたのは、杉田立《りゅう》卿《けい》、宇田川榕菴、杉田成卿《せいけい》、大槻玄東《おおつきげんとう》であった。阮甫の本務はあくまでも津山藩医であったが、この後、緊急の公儀和解御用で呼び出されることが多くなっていった。

このころから、阮甫の訳述作業は飛躍的に進んでいった。そして、研究の幅も、医学を超えてますます広がりを見せていく。これは、個人的な関心のみではなく、『海上砲術全書』のように幕府の命令で翻訳したり、あるいは、薩摩藩主島津斉彬の要請により翻訳した『水蒸船説略』のような書物もあるが、いずれにしても、西洋の歴史や地理、兵学、言語、科学技術まで、広範な分野の訳述書が刊行されていった。

箕作阮甫　写真提供：フォートラベル

そして嘉永六年（一八五三）を迎えるのである。一九世紀初頭以来、対外関係における洋学者の必要性は増大しており、ペリーの来航以後、和解御用のみならず、こうした外交交渉における役割が、その重要性を増していく。

そうしたなかで、幕府は、外国語に通じた人材の育成に乗り出し、「洋学所」の設置が計画された。これは、最終的には「蕃書調所《ばんしょしらべしょ》」として安政四年（一八五七）、九段坂下において開設されることとなった。そして、その後「洋書調所」、「開成所」などと改編されながら拡充されていき、明治一〇年（一八七七）には「東京大学」となった。

このころの阮甫は、老齢のため津山藩医を辞し、また公儀御用の辞任を望んでいたが、幕府にとって手放すには惜しい人材であった。そのため、「蕃書調所」の開設に当たって、阮甫はその教授職に任ぜられた。また、文久二年（一八六二）一二月には、新規に三〇人扶持で召し出され、改編された「洋書調所」教授職として正式に幕臣となった。

阮甫がその生涯に著した訳述書は、およそ一〇〇種といわれており、その功績は計り知れない。しかし、病のため、文久三年六月一七日、湯島天神下の自宅で息を引き取った。六五年の生涯であった。

7 志を立て眼科医として盛名を馳せた土生玄碩［一七六二〜一八四八］広島藩

古川　恵子
安芸高田市歴史民俗博物館学芸員

道楽者であった幼少期

映画や舞台で幾度となく上演される『男の花道』。人気歌舞伎役者との固い友情物語に登場する眼科医こそ土生玄碩《はぶげんせき》である。長屋暮らしで貧しい人を相手に治療する名医として描かれているが、実際の玄碩の生涯は物語以上に波乱に富んだものだった。

玄碩は、宝暦一二年（一七六二）、安芸国吉田（広島県安芸高田市吉田町）で代々眼科医を生業《なりわい》とする家に生まれた。八代前の義賢は眼科医として毛利元就に仕えていたという。玄碩の名は義壽。幼名は久馬。初め玄道そして玄碩と称した。字は九如。号を桑翁《そうおう》という。

一七歳のときに大坂の楢林氏の塾に入り、その後京都の漢方医和田東郭の下で学び五年後に帰郷したが、家業の傍ら遊びにふけっていたという。そこに大坂で白内障の手術を受けて目が見えるようになったという人物がやってきて体《てい》たらくを批判する。一念発起した玄碩は、再び修業の旅に出た。眼科の名家を訪ねてまわったが、なかなか術を得ることは難しく再び和田東郭の下を訪れている。

その後大坂で開業した玄碩は名医たちとの交流を深めているが、なかでも杉田玄白の門人高充国は蘭学に明るく、秘蔵の眼球実測について書かれた本を見せられた玄碩は大いに喜び熟読したという。

眼科医として名声を得る

三〇歳を過ぎたころ、再び吉田に戻り家業を継いだ。杉田玄白の『解体新書』（一七七四年刊行）を読んだのはこのころといわれる。後に、蘭医学を積極的に取り入れ治療法を研究した。

高増径草筆土生玄碩肖像模写図
画像提供：安芸高田市歴史民俗博物館

玄碩の治療は評判を呼び、享和三年（一八〇三）、四二歳のときに広島藩医となる。文化五年（一八〇八）四月には江戸に呼ばれ、藩主浅野重晟《しげあきら》の六女で南部利敬夫人の眼病を完治させた。江戸芝田町に開いた診療所「迎翠堂《げいすいどう》」には治療を求めて多くの人が訪れたという。翌年二月には将軍徳川家斉に謁見、そのまた翌年には奥医師となる。

玄碩が江戸に入ったころ、広島藩邸でなく杉田玄白の塾に二、三か月寄寓した。そこで玄碩の刺絡治療をみた大槻玄沢が「その治療法は、どこで学んだのか」と尋ねると、「馬医の施術を見て発明し、あなたのつくった『刺絡編』を読んでさらに研究した」と答え、驚かせたという。「実験眼科の祖」と評される玄碩の一端をうかがわせるエピソードである。

奥医師を拝命した玄碩は故郷に錦を飾る。文化七年七月帰国、先祖の墓参りを行った。地元での宴会の席上で「自分が吉田にいたとき、いつも大きなことを言っていたので、法《ほ》螺《ら》玄碩といわれた。だが、今法螺を吹き当てたではないか。皆法螺は事が成ってから言うが、自分の考えは違う。立身の本は立志である。志を立て勉強すれば初志貫徹しないことはない」と言い放ち、一同を閉口させたという。

妻子を伴って江戸に移住すると文化一三年には法眼に叙せられ、文政七年（一八二四）には息子の玄昌が西ノ丸の奥医師となる。玄碩は町医者からの異例の出世を果たし地位と名誉に加え莫大な財を成した。

文政九年、玄碩はオランダ商館長の江戸参府に随行した医師シーボルトの下へ通い、将軍拝領の葵の紋服と引き換えに、瞳孔を散大させる作用のある白内障の手術の際に有効な薬品の製法を伝授してもらう。

しかし二年後の文政一一年、シーボルトが任期を終え帰国する直前、国禁の日本地図や玄碩が贈った葵の紋服などを所持していたことが発覚した。シーボルトは翌年国外追放となり、一件に関わったとして多くの処罰者を出した。いわゆるシーボルト事件である。玄碩も全財産を没収され、座敷牢に入れられた。一時は病から危篤にまで陥ったという。玄昌も禁固は免れたものの、奥医師の職を解かれ町医者をしていたが、天保八年（一八三七）七月、将軍家慶の眼病の治療に当たり、その功績によって玄碩の減刑が許された。

その後の玄碩は玄昌や門人の指導などに力を尽くした。「人生死ぬまでの稽古だ」といって研究を怠らなかったという。そして嘉永元年（一八四八）八月一七日、玄碩は八七歳の生涯を閉じた。墓碑が法名ではなく「桑翁土生君之墓」とあるのは罪をはばかってといわれている。

今、ふるさと吉田の市街地を望む山の麓には先祖の墓がひっそりと残っている。玄碩が文政三年（一八二〇）に毛利元就の墓所に寄進した灯籠には「江戸大府侍医法眼土生義壽玄碩」と、かつての栄華が刻まれている。そして毛利氏が居城とした郡山山麓の公園には、昭和九年（一九三四）に玄碩の顕彰碑が建てられ、その偉業を伝えている。

第２節

地域を支えた産業と人

相良　英輔
広島経済大学名誉教授

１　鉄師御三家を生んだ松江藩のたたら製鉄

松江藩

鉄穴《かんな》流しの解禁

たたら製鉄は、炉の中で木炭を燃焼させながら、そのなかに砂鉄を入れ、三から四日して、炉の下から流れ出る銑《せん》と炉の中にできる鉧《けら》を取り出し、銑は大鍛冶場で鍛錬して割鉄を作り、それを小鍛冶場で鍋などを作った。鉧は鋼と銑に分け、鋼は刀などの原料とし、銑は大鍛冶場で割鉄（包丁鉄）とし、さらに小鍛冶場で鍬や鎌などの農具を作った。

砂鉄には山の土から採取した山砂鉄と川底から採取した川砂鉄、海岸から採取した海砂鉄があった。山砂鉄が大きな割合を占めたが、山の土からわずかの砂鉄のみを採取するには、鉄穴流しという方法で行った。水路に砂鉄の混じった土を流し、沈殿した砂鉄を採取する方法である。これは、川下に泥水を流すため、下流で田や川、さらには湖に土砂を運び、農業や水運に支障をきたし、大きな問題となった。

松江藩には慶長五年（一六〇〇）、堀尾吉晴《よしはる》が入部し、三代続いたのち、京極は一代で終わった。いずれも鉄穴流しは湖を埋め、川を浅瀬にし、洪水の原因をつくり、新田造成の妨げになるとして、禁止していた。しかし、寛永一五年（一六三八）、松平直正《なおまさ》が信州松本から入部し、鉄穴流しが解禁されると、たたら製鉄は再び本格的になっていく。

たたら製鉄の生産体制は、砂鉄と木炭を入れた炉の中を一五〇〇度の高温で維持しなければ安定した生産につながらなかった。したがって炉の中を一五〇〇度に保つため、炉の地下を乾燥させ、湿気を排除するよう地下構造を工夫した。

松江藩においては、一六〇〇年代の前半にはすでに後々の有力鉄師が鉄山経営を行っている。飯石《いいし》郡吉田村の田部長右衛門《たなべちょうえもん》家が現在の雲南市吉田町に町屋敷を購入したことの分かる最も古い史料は、寛文二年（一六六二）である。その後も次々に町屋敷を購入し、元禄五年（一六九二）までに九軒を購入する。これらの屋敷には、田部家の本宅や土蔵群もあるが、田部家の支配人や番頭格の従業員が住んだ。仁多郡の櫻井家、絲原家、卜蔵《ぼくら》家もそれほど変わらない時期に鉄山経営を始めている。

元禄四年、松江藩で初めて天秤鞴《ふいご》が導入され、それまでの吹き差し鞴と違って炉の中に風を大量に送ることができるようになった。地下構造も緻密になり、炉も大きくなって、炉の中の温度を一五〇〇度に安定的に保つことが可能になり、次第に大量生産が可能になっていった。

藩の保護下に置かれた「たたら製鉄」

享保一一年（一七二六）、松江藩は鉄方法式といわれる政策を導入し、たたら製鉄を保護するとともに、藩の強力な規制の下に置いた。鉄師たちは藩の強い規制を受けながらも、保護もされ、以後比較的安定したたたら経営を行った。

しかし、安永九年（一七八〇）、幕府によって大坂に鉄座が設けられ、鉄は専売制となり、鉄生産者の幕府への鉄納入価格が低く抑えられ、製鉄業者は苦難を強いられる。天明七年（一七八七）、鉄座は廃止されるが、この混乱のなか、製鉄業者は二〇年間苦しい経営を強いられる。

ところで、松江藩上阿井村の櫻井家は宝永元年（一七〇四）時点で大坂問屋川崎屋次郎右衛門、綿屋次兵衛の二軒に対し、借銀があり、そのほか大坂、京都、広島の問屋にも少額ながら借銀があった。元禄一六年から宝永二年には大坂から手代が派遣され、櫻井家の鉄山経営に直接関与したという。

宝永五年には藩の支援を受けるようになり、正徳二年（一七一二）には経営もかなり持ち直した。このことから、松江藩の鉄は少なくとも元禄のころには大坂へ出されており、大坂鉄問屋の前貸し支配を受けていた。

また、同じく櫻井家の寛保四年（一七四四）から寛延二年（一七四九）までの六年間の鉄の出荷先をみると、大坂が第一で、新潟、若狭とつづく。注目したいのは、その品目である。割鉄は五三パーセント、銑四五パーセント、鋼二パーセントである。銑の比率が幕末に比べかなり多いのである。

重要文化財の櫻井家住宅　写真提供：奥出雲観光文化協会

宝暦一四年（一七六四）においても、販売先は大坂が第一であること、銑が比較的大きな比率を占めることに変わりはない。しかし天保一四年（一八四三）になると、大きく変わる。このときの松江藩鉄師たちの販売する鉄はほとんど完成品の割鉄である。このころ、松江藩は鍛冶屋の軒数増加を許可している。安政六年（一八五九）、櫻井家では内谷鍛冶屋、奥内谷鍛冶屋、木地谷鍛冶屋の三軒を同時に稼働させているのである。飯石郡吉田村の田部長右衛門家は、明治六年（一八七三）に幕藩制下の規制がなくなっていることもあるが、鑪《たたら》を五か所、鍛冶屋を八軒稼働させている。

銑で売るより、付加価値を付けた完成品の割鉄で売る方が有利である。このように銑より割鉄で販売する方向に変わっていったのは、鉄販売が不振であった文化四年（一八〇七）ごろ松江藩の指導があったことによる。そして幕末にはほとんど割鉄販売になっていったのである。そもそも広島藩では近世初期からほとんど割鉄販売であった。幕末には、松江藩の田部家、櫻井家、絲原家の三大鉄師は不動の地位を築いていくのである。

2　石見国の飢饉を救ったさつま芋の導入

仲野　義文
石見銀山資料館館長

芋代官と呼ばれた井戸正明

江戸時代、石見銀山とその周辺地域は江戸幕府の直轄地として支配され、都合五九名（奉行、代官、預り）の者がその任に当たった。石見代官は、幕府にとって重要な財源となる鉱山を預かる関係から、任用に当たっては経験や実績のある者が登用される傾向にあったという。なかでも第一九代の代官井戸平左衛門は、名代官として後世まで多くの人々の信奉を集めた人物である。

井戸平左衛門正明は、寛文一二年（一六七二）、御家人野中八右衛門の子として生まれ、元禄五年（一六九二）に井戸正和の養子となり家督を相続した。同年七月二二日に小普請となり、元禄一〇年三月一九日に表火番、元禄一五年九月五日からは勘定に転任した。享保六年（一七二一）六月五日には、日頃の勤勉さを賞せられて黄金二枚を賜わっている。なお、勘定の在任中である享保一四年閏九月一六日には備後国上下陣屋に赴き、その後石見代官海上弥兵衛の案内によって石見国を巡検している。『三次町諸用日記』によると、このとき備後国三次宿の宿屋に泊まった際、音物や料理の提供の申し出があったが、彼はこれを辞退し正規の木賃を支払ったことが記されている。同行の海上代官がこれを受け取ったのと比べ、彼の実直さをうかがうエピソードといえよう。

さて、石見代官の就任は享保一六年九月二日、時に数えの六〇歳である。この背景には彼の実直な人柄を評価した、江戸町奉行大岡越前守忠助の推挙があったといわれる。一〇月九日に江戸を出立し、随行者二〇名にて一一月六日に大森に着任している。

平左衛門が石見代官に就任した翌年は、世にいう「享保の大飢饉」である。春以来続く長雨や冷夏の影響によって作物は不熟となり、その上「うんか」や「いなご」の蝗害《こうがい》も加わり、西日本を中心に「餓死するもの九六万九九〇〇人とぞ聞えし」（『有徳院殿御実記』）

と、多数の餓死者を出したとされる。石見地域でも「享保一七年子ノ七月よりうんか虫付き候て、丑ノ春大がしん」（『手前入用覚』佐々木家文書）とあり、享保一八年の春ごろには深刻な飢饉に見舞われていたことが記されている。

この間平左衛門は「虫付につき御見検直に成られ」と領内の被害状況を実見した後、九月中旬には大森を出立し、笠岡、備後、備中などの支配所を巡回、さらに伊予国に赴き、一二月中旬に至って大森に帰陣するなど、各地の被害状況を具体的に調査している。

また、年貢収取については、通常の「定免法」（過去数か年間の収穫高の平均をもって年貢率を定めて徴収）から「破免」に変更し、各村の被害実態に応じて減免措置をとっている。実際、安濃郡鳥井村年貢割付状によると、田高三二五石二斗九升四合に対しては「此取米なし」とし、すべて出方の年貢米を免除にしているが、こうした措置は被害の著しい海岸部の那賀郡黒松、浅利などの村でも同様であった。

一方、幕府はついに西国、四国、中国の損亡《そんもう》著しい地域に対し、大坂から御城米の回漕を指示した。これを受けて銀山御料でも「同十八癸丑年正月五日より四月十五日迄都合百日の間、男女壱人ニ付き米二合ツ、御かし遊ばされ米九千石御料内へ遣わされ候」とあり、一〇〇日間に及ぶ米の貸与も行っている。

もとより彼の最大の功績はさつま芋の栽培導入であり、事実光永寺文書にも「此の御文配中サツマイモ御料中へ作り候様ニ仰せ付けられ始めてサツマ芋を作る」とあり、その始まりが彼の在任中の出来事であったことが伝えられている。

救荒作物としてのさつま芋

大森町栄泉寺　写真提供：大田市

さつま芋については『蕃薯《ばんしょ》起立《きりつ》』によると、「蕃薯に十三の勝れたる能あり」と、救荒作物として優れた特性が述べられている。特に石見国のような山がちで耕地が少なく、食糧自給率の低い地域では、生産性の高いさつま芋の導入は、根本的な飢饉対策として期待される作物であったといえる。

　さて、所伝によれば、平左衛門は大森町の曹洞宗栄泉寺に滞在中の諸国を巡回する僧泰永からさつま芋の話を聞き、手代伊達金三郎を薩摩国に派遣して、当時御禁制の品であった種芋一〇〇斤を苦心の末に持ち帰らせたという。

　入手した種芋はさっそく、村高一〇〇石につき八個の割合で試作させたが、植え付け時期が悪かったためことごとく失敗となった。唯一、釜野浦（大田市温泉津《ゆのつ》町福光）に住む松浦屋与兵衛という人物だけが城ヶ山の中腹で栽培に成功しており、苦労して入手したさつま芋も何とか救われたばかりか、「いもがま」という貯蔵方法もこのとき考案されたのであった。

与兵衛のさつま芋は、冉び領内の村々に配られ栽培が行われた。甘藷先牛と呼ばれた青木昆陽よりも実に三年も早かった。享保末年には、那賀郡渡津村長田の医師青木秀清により、従来の直植法に代わって新たに切植法が導入されたことで、さつま芋の栽培が定着することとなった。平左衛門が導入したさつま芋のおかげで、その後に襲った飢饉でも領内では一人も餓死者が出なかったという。多少の誇張はあるにせよ、その恩恵に浴したことは間違いないであろう。

平左衛門は、享保一八年（一七三三）正月一四日から二五日まで温泉津温泉へ湯治に出かけていることが『温泉記』（伊藤家文書）に見える。六〇歳という年齢に加え、赴任当初から病気を患っていたことは大田町の医者中島見龍への書状からもうかがわれる。激務のなかのしばしの安らぎであろう。しかし、さすがの平左衛門も病と年齢には勝てず、ついに五月二六日、彼の支配所である備中国笠岡において帰らぬ人となった。享年六二であった。彼の遺骸は、笠岡の威徳寺にて荼毘《だび》に付された。

後年、銀山御料の人々は、彼の遺徳をしのんで頌徳碑の建立を行った。頌徳碑は石見国はもとより出雲、伯耆、安芸にまで及び、約五〇〇基も確認されている。「長福寺には往古より毎年五月廿五日晩より二六日迄御法事あり」（『観聴随録』）と、領内の寺院では命日に「芋法座」と呼ばれる法要も行われた。

かの勝海舟もまた井戸公の功績を称え、明治一二年（一八七九）井戸神社（大田市大森町）の建立にあたって扁額に自筆を寄せている。彼ほど領民に慕われた代官はほかにはいないのではないだろうか。

3　鳥取藩の庇護のもと発展した智頭林業　鳥取藩

大嶋　陽一
鳥取県立博物館主任学芸員

智頭《ちづ》町のシンボル石谷家《いしたにけ》

鳥取県の南東部に位置する智頭町は、県内有数の林業の町である。町内の山々にはスギを中心とした林野が整然と整備され、町内には林業関係の事業所が多く立地している。

この智頭町の中心部に位置する智頭宿は、江戸時代鳥取藩主が参勤交代で使用した智頭街道の宿場で、鳥取城下から京阪神へ抜ける要衝として地域経済の中心地であった。宿内には、鳥取藩によって智頭郡の地域支配を任されていた「大庄屋《おおじょうや》」を長く務めた石谷家（屋号塩屋）の居宅が今も残る。

石谷家住宅は、大正から昭和初期に改築された敷地面積三〇〇〇坪、部屋数四〇以上の豪奢な近代和風建物で、現在は国の重要文化財に指定されている。この石谷家は、田畑を集積する大地主であるとともに林野も多く所有し、近代以降に林業で財を成した智頭を代表する林業家でもあった。

石谷家住宅

鳥取藩特有の山林事業とは

智頭林業は鳥取藩の御用材木生産を軸に展開し、藩の庇護の下で成長していった。藩の御用材木は土木工事用材や船の建材、藩の施設や江戸の鳥取藩邸の建材としても使用されるなど、その用途は多岐にわたり、大量の木材が必要とされていた。

智頭の林業を基礎付けた御用材木が伐採されていたのは、主に「御立山《おたてやま》」と「内林《うちばやし》」であった。この名称は鳥取藩独自の山林区分に基づくものである。

藩内の山林は、①御立山、②内林、③野山《のやま》（草山）、④木地山《きじやま》、⑤深山《みやま》のいずれかに分類されていた。御立山は藩有林で、土木や建物の用材などを伐採したほか、防災用の山林でもあった。内林は農用に使用された山林で、村が用材の伐採権や販売権を持つ村有林とそれらが個人に帰す個人林に分けられていた。

野山（草山）は、村人が薪炭材、秣《まぐさ》、肥料を採取する山林で、通常藩有地であった。また、木地山は木地師《きじし》が居住利用していた山林、深山は集落から離れた国境近くの山林のことをいった。

御用材木は、藩の命により、御立山や深山から「杣所《そましょ》」といわれた杣人《そまにん》の集団が伐採した。また、内林にも御用木材が割り当てられ、各村々において地域の森林監督官である山奉行の監督の下に伐り出された。

内林は、村や個人らによって木材を販売することもできたが、勝手な売買は許されなかった。内林の材木は、材木屋や筏師《いかだし》など買い受けする者がある場合に限って許され、材木の伐採は山主から藩へ願い出、承認のもと山奉行監督の下で行われた。材木の販売には、材木役などの運上金が課せられ、それが藩の収益となったのである。

御立山の木々は、無計画に大量に伐採されることが多く、ともすると木材資源の枯渇につながりかねなかった。藩は享保年間（一七一六〜三六）ごろに御立山内の資源管理体制を整えていく。延享四年（一七四七）には、御立山だけでなく、村有あるいは個人所有である内林の一尺（約三〇センチメートル）廻り以上の立木について明細な帳簿がつくられた。これは、現在の森林簿と同じようなもので、藩が木々一本一本について管理を行ったのであり、森林資源管理の緻密さをうかがい知ることができる。

藩全域で行われた植林政策

現在の智頭では、生産される木材のほとんどが人為的に植林されたものである。こうした植林が大規模にスタートするのは一九世紀以降であった。藩は木材御用で乱伐された山林を立て直すため、寛政九年（一七九七）に植物《うえもの》懸りを設置し、藩内全域で植林政策を進めた。

文政年間（一八一八〜三〇）以降、鳥取藩は藩で仕立てた苗を農民に無償で交付し植林を奨励。文政九年（一八二六）には各村役人のうち一人を植物世話役に命じ、村内の不用地にマツ、スギ、ヒノキを植林させた。

こうしたなか智頭でも植林が進められ、文政五年、大庄屋の石谷源左衛門（屋号新塩屋）は中庄屋《ちゅうじょうや》の長石覚十郎、大河原平四郎と共に、管内六二か村の村庄屋に命じ、スギ苗の人工植栽を行った。智頭における植林の歴史は、すでに宝永二年（一七〇五）ごろからみられるというが、源左衛門らが行った植林は、地域一帯となり大規模に行われた点で「智頭林業の夜明け」として語り継がれている。その後、智頭のスギ植林はさらに進み、天保三年（一八三二）には山郷《やまさと》地域（鳥取県と岡山県との県境付近の地域）だけで、一三万本を超えるスギが植林された。

鳥取藩は、天保二年に植物懸りを改組し、「植物方部屋」を設置し、造林事業を進めていく。嘉永五年（一八五二）には、農閑期の稼ぎにするため、藩内の野山や土手筋、畑端などに藩が無償提供するウルシ、コウゾ、クワ、ハゼ、スギ、ヒノキなどの苗木を植えさせ、困窮の村には藩が費用を出している。藩の林政は、材木生産だけでなく困窮者への救済策も視野に入れたものであり注目される。

智頭林業が大きく発展していくのは、用材需要が増大する明治後期以降だとされる。さきの石谷源左衛門の子孫である石谷源蔵や大呂《おおろ》甚平らは、国内の林業先進地に視察を重ね、明治三八年（一九〇五）に「鳥取県八頭郡木材同業組合」を設立し、近隣の木材製造販売業者と木材仲買業者を束ねた。彼らは近代的な木材加工工場の創設や新たなスギの植林法の開発なども行い林業の発展に尽力した。また智頭林業の発展にとって、明治末から大正期の鉄道開通は運輸面で智頭林業の近代化に大きな影響を与えた。

このように智頭の人々のたゆまぬ努力によって、智頭の林業は藩御用を中心とした林業から、近代的な林業に生まれ変わり、現在の智頭林業発展の礎《いしずえ》を築いたのである。

4 藩財政の再生につながる八木用水の開削事業　広島藩

村上　宣昭
広島市郷土資料館主任

水不足に悩まされた西原村

八木用水は広島市安佐南区の東部を流れる全長一六キロメートル余りの農業用水路で、江戸時代中ごろの明和五年（一七六八）、主に沼田郡西原村（安佐南区西原）の水不足を解消するために開削されたものである。西原村は、周囲を古川、安川、太田川という三本の川に囲まれていたが、古川と安川の水量は少なく、太田川は農地よりもずっと低いところを流れていたため、水田をつくるのに十分な水を引くことができなかった。そのため広島藩では八木用水がつくられる一〇〇年ほど前から古川や安川に堰《せき》を設けて用水路をつくったり、水車で川から水を汲《く》み上げたり、あるいは井戸を掘って水を撒《ま》いたりとさまざまな試みを行ったが、いずれも失敗に終わっていたのである。

そうしたなか、西原村庄屋の嘉兵衛の下へ、祇園町（安佐南区祇園）の大工で、沼田郡内での藩の土木工事を請け負う仕事をしていた卯之助から、西原村に水を引く新しい用水路の提案が出された。従来の計画では、主に古川か安川から水を引こうとしていたが、水量の乏しい両川からでは、安定的に水を供給することは困難であった。かといって水量の豊かな太田川から水を引こうとすれば、古川を迂回して大回りしなければならず、その分用水路は長くなってしまう。また、太田川は水量が多い分、洪水の危険も高く、取水口をいかに水害から守るかも課題だった。

こうした難問を解決するため、卯之助は数年来西原村の上流に位置する八木村の渡し場（安佐南区八木町）まで休日のたびに出かけ、雨の日も蓑笠《みのかさ》を付けて現地調査を行ったとされる。季節ごとの水位の変化や大水のときの流れの向きなどを見たのであろう。その上で、卯之助は八木村渡し場に近い十歩一河原に取水口を設けることを提案した。用水路の長さは従来の二倍以上となる見込みであった。それを聞いた嘉兵衛は卯之助に綿密な測量と詳細な仕様見積もりの作成を依頼した。

緊縮財政の藩に懇願

明和四年（一七六七）、嘉兵衛は卯之助が作成した八木用水開削工事計画の実施を沼田郡代官所に願い出た。しかし、申請はすぐには受け入れられなかった。当時の広島藩は、浅野家第七代藩主重晟《しげあきら》の時代であったが、先々代吉長時代の放漫財政のつけを払うため、先代宗恒以来の緊縮財政策をとっていた。さらに城下の大半を焼失させた宝暦八年（一七五八）の大火からまだ九年しか経っていなかった。広島藩としては、農業振興のためとはいえ、八木用水開削工事に多額の費用を支出することはきわめて困難だったのである。

『芸備孝義伝拾遺』八木用水開削　画像提供：広島市郷土資料館

申請の後、卯之助は代官所に直接出向いて用水路開削工事が必ず成功することを駐在する役人たちに粘り強く訴えた。そのことがやがて代官の沖団五郎らの耳に入り、卯之助はその面前に呼び出され、一つ一つ尋ねられたことについて答えた。続いて卯之助は代官と共に実地検分を行い、八木用水のコースをたどりながら、その仕様を細かく説明した。最後に、取水口となる予定の八木村十歩一河原で代官から工事の成算を問われ、卯之助は、「必ずや成功させてみせます。万一間違いが生じましたならば、私どもの身の上にいかなるお仕置きを受けても構いません」と答えた。その言葉を聞いて沖は工事を卯之助に一任することにした。

明和五年（一七六八）四月四日、卯之助はさっそく工事にとりかかった。工事の様子は広島藩の絵師、山野峻峰斎によって描かれた『芸備孝義伝拾遺』の挿絵からうかがうことができる。描かれているのは十歩一河原で太田川から取水口へ水を送り込む分流を掘っている様子であるが、これも太田川の洪水から取水口を守る卯之助の工夫だった。

工事は同月二八日に、着工から一か月足らずで完成したとされる。翌二九日、代官の沖団五郎は失敗すれば自らも腹を切る覚悟で通水初めに臨んだ。取水口から八木用水へ水を流し始めると、人々は水の流れについて下って行き、ところどころで太鼓に合わせて鬨《とき》の声を上げた。水の流れが西原村まで達したのを見て、沖は「これは卯之助の手柄である」と言って流れる濁った水の中に飛び込み、両手で水を汲みあげ、三度押しいただき、三口飲んで喜びを表した。八木用水ができたことで、西原村をはじめとして、八木用水が通る九つの村（八木、緑井、中須、古市、西原、長束、新庄、楠木、打越）は長年の水不足から解放され、安定した米作りを行うことができるようになったのである。

藩発展の先駆けとなった八木用水

八木用水開削の成功によってその手腕を広島藩に認められた卯之助は、その後、奴可《ぬか》郡栗村（庄原市西城町）の栗の大溝の開削や、青崎新開（安芸郡府中町、広島市南区）の築調、三上郡庄原村（庄原市）の上野池の改修工事など、広島藩全域の土木工事に携わっていく。八木用水が建設されるまで、広島藩は厳しい緊縮財政を敷き、支出をできるだけ抑える政策をとっていたが、その後、藩内各地で新田開発や用水路の建設を進め、社倉を設けるなど、積極的な農業振興策へと舵《かじ》を切った。その結果、広島藩の財政は好転し、それがやがて広島藩が

八木用水の流路

——明治時代以前の流路　……大正時代以降につくられた流路

河川の流れ等は明治30年前後の地形図によった。

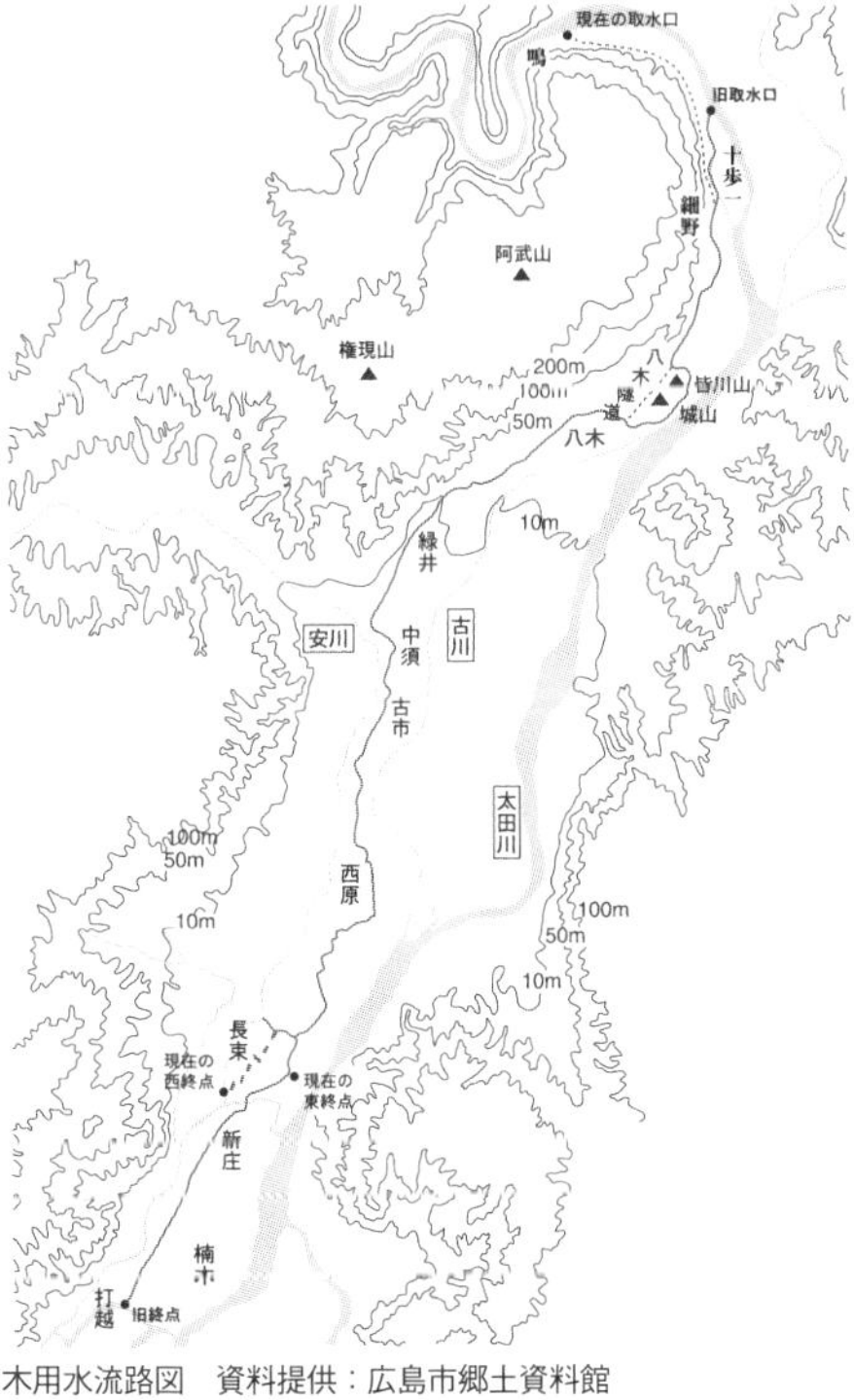

八木用水流路図　資料提供：広島市郷土資料館

最も輝いた時代ともいえる重晟の治世の後半から次の斉賢の時代へとつながっていく。八木用水の開削は、その先駆けとなったのである。

5 藩主導で開発が行われた広島、福山の塩田　広島藩、福山藩

相良　英輔
広島経済大学名誉教授

広島藩の塩田開発

広島藩の代表的な近世入浜塩田*は、慶安三年（一六五〇）に開発された竹原塩田である。それ以前は、中世的な揚浜塩田*によって生産されていた。

竹原下市村の大新開は、正保三年（一六四六）から翌年にかけて藩によって開発工事が行われ、七五町歩余の畑地ができ上がり、諸人に割り与えられた。しかし潮けが強いため耕作できず、塩田に改築されたのである。これが慶安の古浜三一軒である。この浜は予想外の利潤を上げたため、承応元年（一六五二）には新たな新開の中に新浜六七軒が増築され、計九八軒になった。

このように藩は積極的に藩営工事として塩田築調を行い、塩田経営に要する資金面でも

＊入浜塩田：満潮時の水面よりも低い場所に塩田を築き、満潮時に海水を流入させて製塩する方法。
＊揚浜塩田：海水をくみ上げ、日光や風で水分を蒸発させて塩を採る塩田。

援助した。

一方、その後は豪農商らによる自分開きの塩田が増加してくる。備後の御調《みつぎ》郡向島《むかいしま》の富浜などはその一例である。広島の豪商天満屋治兵衛《てんまやじへえ》（法名浄友）は、尾道町の対岸、向島の大潟に、延宝五年（一六七七）、富浜古浜一一軒、七町七反を開発した。さらに元禄四年（一六九一）には新浜一四軒、八町五反が築造された。また、尾道水道を隔てた富浜の対岸御調郡栗原村の沖には、元禄元年に、富浜庄屋正兵衛が栗原沖浜四軒、二町四反を築造していた。天満屋は元禄七年にこれも買い取り、合計一九軒、一八町六反の塩田所有者になった。富浜は天満屋の自分開きの塩田であったから、地主は天満屋ひとりである。したがってそのほとんどは預け浜（小作浜）とされたが、一部は天満屋の手代を通じて直接経営が行われた。

天満屋は広島城下の有力商人で、宝永元年（一七〇四）、広島藩で初めて藩札を発行したとき、京都の豪商辻次郎右衛門および広島城下の三原屋清三郎と共に札元を命じられている。芸備の島嶼部でも近世初期から入浜塩田の開発が進められている。豊田郡生口《いくち》島では、寛文一〇年（一六七〇）から寛文一二年にかけて南生口の御寺村に一軒、北生口の林村に三軒、高根島に一軒の入浜塩田が築調されている。その後も次々に新浜が築調され、生口島の塩田は近世中期には三七軒、二五町四反余となっている。

＊新開：海を干拓した土地。

文政八年（一八二五）における広島藩の主な塩田の軒数と生産高を挙げると､安芸では、加茂郡竹原浜の七二軒、二〇万俵、豊田郡生口浜の三六軒、一八万俵を代表的なものとして、計八浜がある。備後には、御調郡富浜二九軒、九万俵など計四浜がある。

福山藩の塩田開発

福山藩の代表的塩田に沼隈《ぬまくま》郡の松永塩田がある。松永塩田は福山藩の近世初期における新田開発の政策のなかで、藩営工事として新涯*奉行本庄重政によって開発されたものである。重政は明暦二年（一六五六）、沼隈郡柳津新田を築き、翌年には深津郡各地の新涯、さらに万治二年（一六五九）には高須新涯を開き、いずれも良好な成果を出したため、万治三年の春から松永干拓に着手し、街を設けて商人を招き、寛文七年（一六六七）には塩田開発事業を完成し、幕府の許可を得て松永と命名した。

松永塩田への入浜技術伝播については、開発担当者である本庄重政が播磨国赤穂藩の大石頼母助と親交が深く、その製塩方法も一部同じであることから、赤穂藩から技術を取り入れているとみることができる。しかし、実際の塩田経営には竹原塩田の浜主が多数参加しており、竹原の影響も大きかった。福山藩ではこのほか、藤江、金見や柳津安永浜、百島など塩田が開発された。

＊新涯：福山藩における「新開」の呼称。

一七二〇年代の近世中期ごろ（享保の中ごろ）まで塩業は好景気であったが、塩田の濫造はやがて生産過剰となり、塩田危機を招く。しかし十州休浜同盟（生産制限の同盟）の締結などで塩田危機を脱し、一八八五年ころから再び塩田開発の進展をみることとなった。

6　日本一の塩田地主となった野崎家による塩田開発

岡山藩

相良　英輔
広島経済大学名誉教授

農業経営から足袋営業へ

岡山の野崎家は、地租改正時に一六一町歩の塩田を所有する日本一の塩田地主である。さらに耕地についてもピーク時の大正六年（一九一七）には六一三町歩を所有する岡山県在住では県内一の巨大地主である。その足跡をたどってみたい。

野崎家の貞右衛門は、児島郡味野村（倉敷市）で天明五年（一七八五）広大な田畑と塩田を所有していた。農業経営規模としては、村内の上層農民に位置していた。しかし貞右衛門は事業の失敗もあって文化文政期（一八〇四～三〇）には所有田畑は八反八畝に減少しており、家運の衰退を示している。このころを記した野崎家文書では、文化四年

（一八〇七）ごろには「年々におとろへ行て」とか「むけに残りすくなうなりて、ほとほとけふりもたちかたう成もて行ぬるは、いといと侘しき事になん覚へける」などと述べている。

貞右衛門の子である武左衛門は、農業経営に行き詰まっていた家にあって、足袋の製造や販売を手がけた。そして両親、武左衛門夫婦ともに必死に働き、原料の木綿は岡山の西大寺などへも行って仕入れ、まとまった製品は対岸の北四国の丸亀などへ行商した。四、五年もすると、裁縫するものや機《はた》織りする多数の男女を雇用して、六〇歳近くなった老父と共に、瀬戸内沿岸を中心に西は安芸国から周防や長門あたりまで販路を拡張して遠隔地商業にまで発展した。しかし、文政八年（一八二五）ごろには足袋営業もそれほど利益を上げなくなっていく。

武左衛門は次に塩田開発に命運をかけ、文政一〇年、野崎浜を手始めに、南児島の沿岸に次々と塩浜を築いた。武左衛門一代の間に築いた塩田総面積は、一六一町八反六畝二五歩という広大なものであった。

新田や塩田の開発には莫大な資本と専門的な技術を必要とする。武左衛門の塩田開発はどのようにして成功し得たのであろうか。

塩田築立地の近くで石材を入手

武左衛門は当時、足袋の製造や販売ですでに銀一二〇貫目を蓄積していた。自己資本で工事に着手できる資金ではあったが、資金の枯渇を懸念し、親類縁者を銀主に頼み、調達し得る限りの資金準備に努めた。その総額は明らかではないが、最大の銀主は児島郡吹上村の豪商播磨屋喜太郎であった。

塩田開発の資材調達で最も苦慮したのは石材であった。いろいろと検討するなかで、義伯父にあたる天城村大庄屋格の中島富次郎に相談し、児島郡奉行児島後三郎に、田之浦村の生出山《おいでやま》と鷲羽山《わしゅうざん》の石材払い下げを願ってようやく許可をもらった。資材の中心である石材を塩田築立地の近くで入手でき、輸送にも便利であったため、工費を安くすることができた。東野崎浜の場合も同様で、武左衛門の塩田開発に全面的に協力していた山田村の名主平左衛門に石材調達周旋の労をとってもらい、東野崎浜近辺の胸上村の石島の石材を利用することができた。こうして、武左衛門は巨大塩田地主として成功していくのである。

武左衛門は文政一〇年に野崎浜を、天保二年（一八三一）には亀浜を自力で築き立てた功績で、天保四年には大庄屋格を仰せ付けられた。天保三年には藩主斉敏は郡廻りの折に野崎邸で休んだこともあった。天保九年には東野崎浜の開発に取りかかり、武左衛門の経済的社会的地位の向上も著しかった。弘化四年（一八四七）には苗字帯刀御免、五人扶持となった。

7　全国に行き渡った倉吉千歯扱き　鳥取藩

大嶋　陽一
鳥取県立博物館主任学芸員

伯州《はくしゅう》倉吉と千歯扱《せんばこ》き

今から一〇〇年ほど前まで、全国の農家の人々にとって「伯州倉吉の千歯扱き」といえば、脱穀機の代名詞であった。

伯州倉吉は、現在の鳥取県倉吉市のことで、室町時代には伯耆の守護大名山名氏の守護所や織豊期の大名南条氏の城下町、江戸時代には鳥取藩三二万石の家老荒尾氏の陣屋地となるなど、東伯耆地方の政治と商工業の中心地として発展してきた地域である。

「千歯扱き」とは、髪をとかす櫛《くし》のように鉄や木製の歯（刃）を並べ、稲や麦の穂から籾《もみ》をとる脱穀機で、「稲扱き」とも呼ばれた。千歯扱きという呼称は、一度に千把の稲を扱くことができるくらい効率的であるということから名付けられたと考えられている。

この千歯扱きは足踏み脱穀機にとって代わられるまで、すなわち江戸時代後半から大正、昭和初期にかけて、脱穀機の代表格として全国の農家に広く普及していた。そして、倉吉は、若狭の早瀬（福井県美浜町）などと並んで全国的に名声を博した鉄製の千歯扱きの名産地であった。

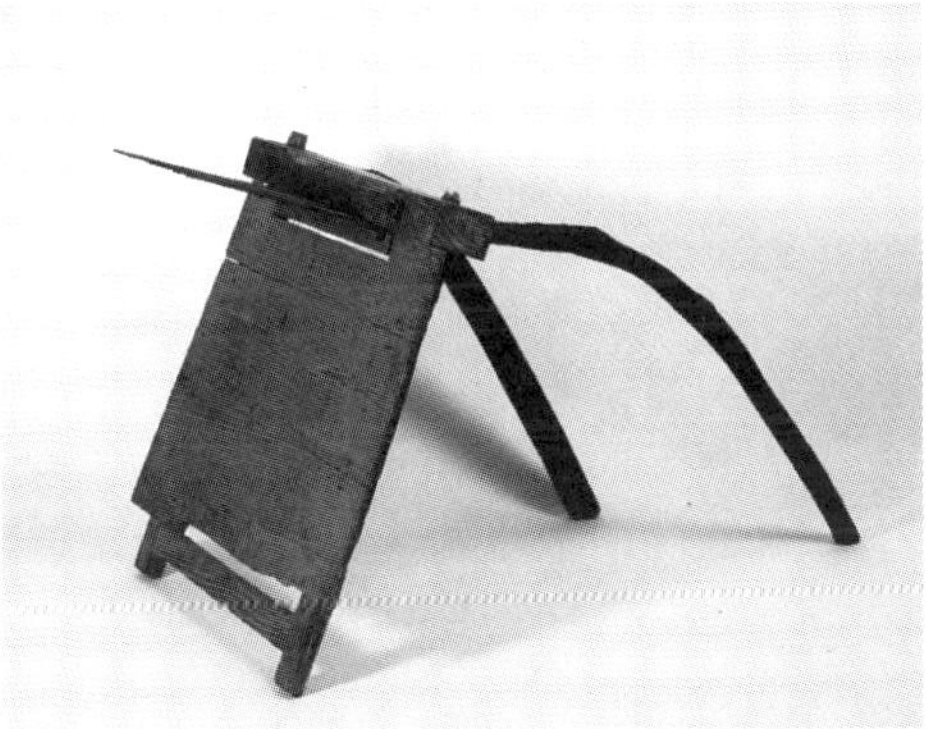

倉吉千歯扱き　写真提供：倉吉博物館

倉吉千歯の特徴

倉吉の千歯扱きの特徴として、①「伽羅鋼《きゃらはがね》」と呼ばれる倉吉独自の技法が用いられた点、②倉吉の優秀な職人が全国各地に千歯扱きの修繕に出向くなどきめ細かなアフターフォローを行った点などが挙げられる。

「伽羅鋼」とは、千歯扱きの刃（穂）を仕上げる最終段階で、青酸カリと鮎のウルカ（内臓）、白色硝石、塩を混ぜてつくった薬を刃に塗布し焼きを入れたものである。この工程を行うことで軟鉄に弾力と耐久性を持たせることが可能になるとともに、大量の千歯扱きを安価で生産することができるようになったという。

「鋼」というと、通常たたら製鉄でつくられ刀剣などに用いられる玉鋼《たまはがね》を指すが、倉吉では鋼を使用したものを「正鋼」といい、非常に高価で高度な加工技術が必要となるため、千歯扱きではあまり使用されず、より安価の「地金《ぢがね》」と呼ばれる軟鉄が使用されていた。地金はたたら製鉄が盛んな伯耆の日野郡（鳥取県日野町、日南町周辺）や千種《ちぐさ》（兵庫県宍《し》粟《そう》市）など、近隣の産地から仕入れたという。

また、現存する千歯扱き一般には、「無類飛切伽羅鋼請合」という花押のような飾り文字が台木に記されているものが多い。これは「他に類のない、飛び切りの伽羅鋼であること請け合い」という意味で、本来は倉吉純正の千歯扱きにのみ付けられ、模造品や粗製品と区別するためのものであったと考えられており、倉吉産の千歯扱きが普及するなかで、千歯扱き一般にその飾り文字が定着していったという。

倉吉の千歯扱きは、倉吉の職人が直接行商を行わず他国の商人に任せていたが、一方で販売した千歯の修繕のため、北は東北、南は九州まで、全国各地津々浦々まで出向いていた。明治末期ごろには、毎年四月に行商人（出雲商人が多かったという）と倉吉の職人がセットとなり全国各地に直し仕事に出向き、一一月の＊金屋子神《かなやごがみ》を祀《まつ》るフイゴ祭りに合わせて帰国することが習慣であったという。こうした販売戦略が功を奏し、倉吉千歯が全国的に重宝され、普及していくことにつながった。

＊金屋子神：中国地域を中心に、鍛冶師、たたら師、鋳物師などが信奉する神。

倉吉千歯の多くが、倉吉の鍛冶町で製造されていた。鍛冶町の鍛冶職は戦国期の刀工を起源とするものが多いといい、当初は刀作りからスタートし、のち農具や包丁、さらに千歯扱きなどを製造するようになった。倉吉の千歯扱きはこうした確かな腕を持つ鍛冶町の優秀な職人らによって支えられ、隆盛を極めていったのである。

鳥取藩の国産品となった倉吉千歯

江戸時代における倉吉千歯の生産状況については、実は詳しく分かっていない。唯一、天保八年（一八三七）に倉吉から美作（岡山県北部）を経由して出荷された千歯扱きの数量が判明しているが、それによると四三五荷が荷出しされていた。一荷は一二挺であるので、五二二〇挺ということになる。当時の倉吉での千歯扱きの生産量は、七〇〇〇から八〇〇〇挺とされているので、約九割が美作を経由して畿内方面へ販売されたと考えられている。

この生産量は、最盛期である大正二年（一九一三）の約九万五〇〇〇挺という数と比べると一〇分の一にも満たない。生産量が増加するのは幕末になってからで、安政四年（一八五七）には鳥取藩の国産品となり、藩の保護の下で生産が行われるようになったことが大きかったという。また、鳥取藩が境村（鳥取県境港市）に設けた鉄山融通会所《てつざんゆうづうかいしょ》では、藩内の重要産品である鉄や木綿と共に、千歯扱きも販売され、仲買人を通して売り広められ、関東方面でも好評を博すほどになったという。

こうした倉吉での千歯扱きの創業については諸説ある。その一つが、倉吉町の作平という鍛冶職人が元禄六年（一六九三）に泉州堺（大阪府堺市）より最新の技術を持ち帰ったというものであり、倉吉千歯扱きの濫觴《らんしょう》（起源）として広く認知されている。

この元禄説については時期があまりにも早すぎるという批判があったが、近年刊行された横浜市歴史博物館『千歯扱き』という展覧会図録で、明治二二年（一八八九）二月四日の『官報』をもとに新説が提出された。すなわち、この『官報』に「倉吉稲扱製造景況」という記事が掲載されており、そこに倉吉鍛冶町の金具屋光右衛門が安永年間（一七七二～八一）に泉州堺の稲扱きを模造したことに端を発すること、また、天保九年（一八三八）に同じく鍛冶町の檜物屋太左衛門と山口屋市郎平らが改良千歯扱きを発明し、全国的に名声を得たことが記されている。この説は、先に紹介した倉吉千歯の普及していく年次と符合するところもあり、今後、その内容が深められていくことによって、倉吉千歯の新たな歴史を紐解く鍵になると期待される。

第3節

夫や子どもを支えた女性の力

秋山　伸隆
県立広島大学教授

1　毛利元就を支えた女性たち

生みの母福原氏と育ての母、大方殿《おおかた》

中国地域に大領国を築いた戦国大名毛利元就は、明応六年（一四九七）安芸国の国人領主毛利弘元の次男として生まれた。母は親類衆福原広俊の娘である。母は兄興元と元就、女子二人を産んでいるが、元就が五歳のとき亡くなっている。五年後には父も亡くなったため、少年元就を育てたのは、弘元の側室であった大方殿（杉大方）である。両親と死別し兄興元も上洛してみなし子となった元就を大方殿が不憫に思い、元就を育てるため毛利家にとどまり、再婚しなかったという。元就にとって育ての母ともいえる大方殿は、天文一四年（一五四五）に亡くなり、法名は「順徳妙孝大姉」という。

毛利、吉川両家を強く結ぶ妙玖《みょうきゅう》との婚姻

元就の妻は吉川国経の娘妙玖である。天文二年（一五三三）の祇園社（広島県安芸高田市清神社）社殿造立棟札に「女大施主己未歳」とあるのが元就の妻であるから、明応八年（一四九九）生まれ、元就より二歳下である。妻は元就との間に三男三女を設けた。男子は、毛利隆元、吉川元春、小早川隆景の三兄弟である。女子のうち、宍戸隆家に嫁いだ娘五龍局《ごりゅうのつぼね》は、享禄二年（一五二九）生まれであるから次女であろう。

元就が家督を相続した大永三年（一五二三）に長男隆元が生まれているので、元就と妙玖との婚姻はこの年以前のことである。すでに元就の妹が妙玖の兄吉川元経に嫁いでいたが、元就と妙玖の縁組によって毛利吉川両家の結び付きを一層強めようとしたのであろう。

妻は天文一四年に四七歳で亡くなった。法名は「妙玖成室」という。元就は亡き妻の菩提を弔うため、郡山城内に妙玖庵を建て、僧ひとりを置いて朝夕の念仏を唱えさせた。元就は、いわゆる三子教訓状の中で、亡き母妙玖に対する供養としては兄弟三人が団結し協力すること以上のものはないとしている。隆元に宛てた書状の中でも、「内をは母親を以而おさめ、外をは父親を以治候」という金言は少しも違わないと述べている。妙玖は毛利家の発展を、文字通り「内」で支えていたのである。

元就と三人の継室

妙玖が亡くなった後、元就は三人の女性を迎えた。三吉氏、乃美氏、そして小幡氏である。元就は、乃美氏を「丸」、小幡氏を「中の丸」と呼んでいるので、二人はそれぞれ郡山城内の「丸」と「中の丸」と呼ばれる郭で暮らしていたと考えられる。三吉氏の呼び名は分からないが、三吉氏の子が「かさのほうし」と呼ばれているので、彼女は元就と一緒に「かさ」で暮らしていたと考えられるのである。三吉氏が「かさ」に居るのは、彼女が三人の継室の中で一番早く元就に嫁したことを示すものであろう。「かさ」は漢字では「嶝」、つまり最頂部を意味する。「丸」と「中の丸」の関係は、もともと「丸」があり、のちに「丸」と「かさ」の中間に小幡氏のために「中の丸」が設けられたと考えられる。つまり、三人の継室が元就に嫁した時期は、三吉氏、乃美氏、小幡氏の順であろう。

継室三吉氏は、備後国の国人領主三吉氏の娘と思われるが、史料がほとんど残っていないため、出自を含めてその生涯は不明な部分が多い。三吉氏は、五男元秋、六男元倶《もととも》、八男元康の母である。

郡山城に残る元就の墓
写真提供：広島県

継室乃美氏は、小早川氏一族の乃美氏の出身である。乃美隆興（あるいは弘平）の娘とする説もあるが、隆興の娘では年代が合わない。隆興の姉あるいは妹であろう。

四男元清、七男元政、九男元総《もとふさ》（のちの小早川秀包《ひでかね》）の母である。また、備後国上原元将《もとすけ》に嫁いだ元就の娘は、「江氏家譜」などでは継室三吉氏の娘とされているが、むしろ乃美氏の娘と考えた方がよい。元就の死後、乃美氏は元清の居城である桜尾城（廿日市市）に移ったと考えられる。乃美氏は「愛子の情緒濃厚」な女性と評されている。たとえば、毛利氏の人質として大坂に送られた元総（秀包）が疱瘡《ほうそう》にかかると、母乃美氏は厳島神社に平癒を祈願している。また、元総の帰国を実現するために必死に奔走している。

晩年の元就が頼りにした中の丸

小幡氏は武蔵国児玉党の一族で、安芸国の小幡氏は佐西郡石道（広島市佐伯区石内）を本拠とする。継室小幡氏は、郡山城内の「中の丸」で暮らしていたが、元就死後、四男元清の居城である桜尾城の東の丸に移り住み、「東大方」「東之御丸局」などと呼ばれた。

小幡氏（中の丸）には子どもがいなかったが、他の継室の子どもたちや隆元夫人（尾崎局）、さらには家臣たちにも細やかな気配りができた女性のようである。晩年の元就は、特に小幡氏を頼りにしていたようで、元就が戦陣から小幡氏（中の丸）に送った書状が十数通残っている。小幡氏の気配りは元就の庶子にも及んでいる。二宮就辰《なりとき》は、矢田甲斐守の娘が元就の子を身籠ってから二宮土佐守春久に嫁して生んだ子である。晩年の元就の側近くに仕え、後に輝元の奉行人、年寄衆として活躍する。

もう一人の庶子は井上虎法師である。虎法師の母も、元就の子を身籠った後、井上元有（元景）に嫁してほどなく虎法師（与七郎）を生んだという。井上元有は天文一九年（一五五〇）井上衆誅伐の際に討ち果たされているが、虎法師は元就の庶子であったため助命され粟屋元親に預けられ、のちに元就の側に仕えた。

小幡氏は、元就の庶子である二宮就辰と井上虎法師の身上について輝元に取り成しを行ったらしく、輝元が小幡氏に宛てた書状が二宮家と井上家にそれぞれ伝えられている。元就の死後、輝元は元亀三年（一五七二）一二月晦日、二人に同じ「太郎右衛門尉」という仮名を与えているが、これも小幡氏の配慮によるものであったかもしれない。

新庄　正典
松江歴史館学芸員

2
松江城を築いた堀尾吉晴の良妻、大方殿

松江藩

餅やにぎり飯を作り、労働者を気遣う

松江城を築き、城下町を造り上げた堀尾吉晴（天文一二年〈一五四四〉〜慶長一六年

（一六一一）には、その功績を陰で支えた妻がいた。名を大方殿といい、大変聡明であったと伝わる。

築城に際しては何の不都合もないようにと家老らと相談し、餅米を取り寄せて餅を作り、それを女中に売らせた。この餅は労働者用で、町場の餅よりも大きく、よく売れた。餅米は大方殿が必要とされたものであったので、通常より安く仕入れることができ、餅はその分安く大きくすることができた。大方殿は野袴を穿き、供を連れ日に三度見回りを行い、労働者らを鼓舞したという。この餅茶屋は城内に四か所設置され、労働者が思いのままに休憩を取ることができた。

また、石垣造成の際には、城内に運ばれる石が不足していたところ、大方殿は家臣の女性を雇い、大きなにぎり飯を作らせ、石を運んできた者たちに一度につき一つのにぎり飯を渡していった。労働者たちは、大方殿が飯をくださると喜んで受け取り、何度も石を運んでくるようになり、石垣造りが順調に進んだという。松江城の築城は堀尾吉晴の業績が高く評価されているが、これを支えた妻大方殿がいたことを忘れてはならない。

以上の話は、『松江亀田山千鳥城取立古説』の文中に書かれているもので、ほかに大方殿にまつわる話はほとんどない。「大方殿」という呼び名は、本来貴人の母親を貴ぶものであり、吉晴夫人の名ではない。吉晴夫人を「大方殿」と呼ぶようになったのは、前述の

堀尾吉晴の妻大方殿（所蔵：春光院）
画像提供：松江歴史館

取立古説や吉晴の従兄弟である堀尾但馬が記した『堀尾古記』の一節に「大方様」とあるためである。取立古説には「御前様」とも書かれており、吉晴夫人の名を記したものは現在のところ見つかっておらず、その名は不明である。明確に分かっているものは法名「昌徳院殿俊芳宗英大姉」である。

　名前とともに出自も不明である。高田豊後守の娘や、尾張国津田党の織田対馬守の娘であると記されたものがあるが、はっきりとしていない。堀尾氏に関する研究は現在進んでいるところであり、今後は大方殿の人物像、業績が明らかになるであろう。

3
藩政を動かした「尼将軍」桂香院［一七二六～一八〇〇］鳥取藩

大嶋　陽一
鳥取県立博物館主任学芸員

鳥取藩の正室たち

鳥取藩の歴代藩主は、総勢一二人を数える。このうち、聟《むこ》養子として池田家に入った一一代池田慶栄《よしたか》（実家加賀前田家）と一二代池田慶徳《よしのり》（実家水戸徳川家）、早世してしまった七代池田斉邦《なりくに》と一〇代池田慶行《よしゆき》の四人を除く七人は、いずれも他家から正室を迎え入れている。

初代藩主池田光仲《みつなか》（鳥取池田家の祖）の父忠雄《ただお》の正室は、徳島藩蜂須賀家から嫁入りしている。また、光仲の曽祖父にあたる姫路藩主池田輝政《てるまさ》の正室は、前室が中川清秀の娘糸姫で、離別後、徳川家康の娘督《とく》姫（良正院）を正室に迎えている。池田家の本家（のちの岡山池田家）は糸姫の産んだ利隆《としたか》が相続し、督姫の子は分家してそれぞれ大名に取り立てられた。そのなかのひとりが光仲の父忠雄であった。

祖先である忠雄が、実際に家康の孫に当たり、その血を受け継ぐ鳥取池田家は、家康の血を引く将軍家の家門と見なされ、幕府から厚遇を受けた。そのため、江戸時代を通じて本家である岡山池田家より大名としての格式が高く、「家康の血を引く家」というのが鳥取池田家のアイデンティティーとなり、聟養子や正室を迎える際にも大きく影響した。

池田家に嫁入りした姫君は、加賀前田家や仙台伊達家など、いずれも鳥取池田家と同様の国持大名*であり、また、将軍家や御三家、御三卿など将軍一族との婚姻関係が多い点も特徴である。

＊国持大名：出雲や備前といった、旧国を一国以上領有する大名、もしくは領有しているのと同様の格式を持つとされた大名。

紀州家と池田家

池田家は将軍一族との婚姻関係が強いのであるが、そのなかでも御三家のひとつ紀州徳川家との関係がもっとも親密であった。すなわち、初代光仲に茶々姫《ちゃちゃ》（芳心院《ほうしんいん》）、四代宗泰《むねやす》に久姫《ひさ》（桂香院《けいこういん》）、六代治道《はるみち》の後室に丞姫《かず》（転心院）と、三代の藩主が紀州家から正室を迎えている。また、五代藩主重寛《しげのぶ》は、宝暦八年（一七五八）に紀州徳川宗将《むねのぶ》の娘琴姫と婚約を成立させていた。しかし、琴姫の急死によって結婚は実現しなかった。

紀州家は池田家の閨閥《けいばつ》として鳥取藩政にも影響を及ぼすことになる。紀州家の影響を端的に示す事例として、宝暦四年の家老荒尾志摩の罷免事件がある。当時の藩主は、桂香院の実子で、当時九歳の重寛であった。前年の暮れ、紀州徳川宗直《むねなお》（桂香院の父）は池田家の分知池田仲庸《なかつね》に、江戸詰家老の荒尾志摩の行状がよろしくなく、幼主の補佐の任にふさわしくないとして、帰国させ逼塞《ひっそく》を命じるよう指示した。これは、桂香院が父宗直を動かしたものであるとされる。宝暦四年二月には、荒尾志摩は帰国の上逼塞し、三月には江戸詰の御用人、留守居《るすい》など江戸詰の首脳らが軒並み罷免されてしまった。荒尾志摩らにどのような悪行があったかは不明であるが、江戸藩邸内での奢侈と怠慢な財政運営が原因とされている。

このように藩政上において紀州家が隠然たる力を有した時期は、主に初代光仲の正室芳心院と四代宗泰の正室桂香院の時期であるという。この両者共、実子が池田家では珍しく、藩主として家督を相続している（二代綱清と五代重寛）。また、芳心院や桂香院が存命中には、藩主が幼少で相続したり、早世するなど、御家存続の危機ともいうべき状況であった。藩の役人らは、そうした危機に紀州家の後ろ盾を期待し、さまざまに働きかけ、結果的に紀州家が藩政に影響を及ぼすようになっていったのであろう。

「尼将軍」と呼ばれた桂香院

『鳥取藩史』夫人伝は、桂香院について「内外にあたり政事を修挙し、一藩粛然として動揺せざるもの、夫人の力多きに居る故に、当時これを尼将軍に比するに至れり」と、その実力を尼将軍と評している。

桂香院は、寛保三年（一七四三）に池田宗泰に嫁ぎ、延享四年（一七四七）宗泰死去にあい、二二歳で出家、以後、実子で幼少の五代藩主重寛、さらに孫の六代治道、ひ孫の七代斉邦と、三代約五〇年間にわたっての藩主後見として重きをなした。宝暦七年（一七五七）に設置された藩校は、桂香院の意によるものと考えられているし、宝暦改革といわれる藩政改革を主導した安田七左衛門を抜擢したのも桂香院とされている。

また、子どもや孫たちのために、正室選びも桂香院が行ったといわれる。実子重寛にはその姪にあたる紀州徳川宗将の娘琴姫との婚姻を約すも、琴姫死去にして叶わなかったが、当時英名高い御三卿の田安宗武《たやすむねたけ》の娘仲姫と結婚させた。また、孫の治道には伊達重村の娘生姫の賢行を聞き、孫のために婚姻させようと奔走したという。

桂香院は、七五歳と長寿を保ったこともあり、夫や子、孫など多くの肉親を看取った。そうした家族を弔うため、桂香院は鳥取県岩美町に長谷寺《ちょうこくじ》という曹洞宗の寺院を開いた。自らは、江戸住まいのため一度も長谷寺を訪れることはできなかったが、多くの寄進を行い、寄進品は寺宝として今に伝えられる。そうした寄進品を見ると、信仰を通じて家族の行く末を案じる慈悲深い桂香院の一面を見いだすことができる。

内田　融
島根県公文書センター員

4　ラフカディオ・ハーンを支えた小泉セツ〔一八六八〜一九三二〕松江藩

貧困に窮し、家計を支える

小泉セツは慶応四年（一八六八）二月、松江に生まれた。改元して明治元年となる年である。前の月には鳥羽伏見で戊辰戦争が始まっている。西園寺公望を総督に戴いた山陰道鎮撫使*が山陰道を西下、松江を目指しており、松江藩ではその対応に右往左往していた時期である。

セツが生まれた小泉家は代々三〇〇石（五〇〇石ともいわれる）を食《は》み、五〇人の侍を統率する番頭《ばんがしら》を務める家で、松江藩では上士の扱いを受けていた。セツは生まれる前からの約束によって生後すぐに遠縁にあたる稲垣家の養女となった。格式ある家で何不自由なく成長するはずであったが、想像もできなかった激動の時代の渦のなかで翻弄されることになる。旧士族階級は家禄を失ったうえ、いわゆる「士族の商法」によってわずかな貯えも使い果たし、貧困に窮するものが続出した。小泉家、稲垣家も免れなかった。そのさなかに実父小泉湊《みなと》が亡くなったこともあり、家の没落は幼いセツの境遇にも大きな変化をもたらした。学制発布によって新設された公立小学校に入学するものの、学業を中途であきらめなくてはならず、セツは実家と養家の家計を機《はた》を織って支えたという。一九歳のときに婿養子を迎えるが、多数の扶養と負債の責に恐れをなした気弱な新夫は出奔してしまう。小泉家に復籍したセツは実母、養祖父、養父母の生活を支えるため懸命に働いた。

ラフカディオ・ハーンとの出会い

この貧しさが一つの幸運な出会いを生んだ。新聞記者であり、紀行作家であったラフカ

＊鎮撫使：明治新政府が各藩の意思確認のため派遣した部隊。

ディオ・ハーンは明治二三年（一八九〇）に取材のため来日、いくつかの事情から松江中学校に英語教師として赴任していた。英語教師の傍ら日本紹介の書を著すために「神々の国」松江で精力的に取材していた。この年の松江の冬の寒さは厳しく、慣れぬハーンは病床に伏せることになり、身のまわりを世話する住み込みのハウスキーパーを求めた。

紹介され、これに応じたのがセツであった。二三歳のときである。当時、言葉も通じない外国人の下に住み込み奉公に出ることを、世間がどのように評価するかも承知のうえでの決意であった。選択の余地もなかったほど追いつめられていたのであろう。しかし、この出会いは二人にとって幸福な出会いであった。早い時期に互いに尊敬と愛情を抱き合うようになった。青年期に貧困生活を送ったハーンはセツの境遇は十分同情でき、ひたむきに働く姿勢、垣間見える聡明さに好感を持ったことであろう。ハーンは人種的偏見をもたない、一九世紀末の西欧人にしてはきわめて例外的な人であった。深い学識と真摯で誠実な人柄、傷つきやすいが優しい心は、セツの気持ちを動かした。

出会いから一年も経たないうちに、ハーンは松江から熊本への転勤を決める。すでに「妻」であったセツに同行するのを躊躇した形跡はないが、知り合いもい

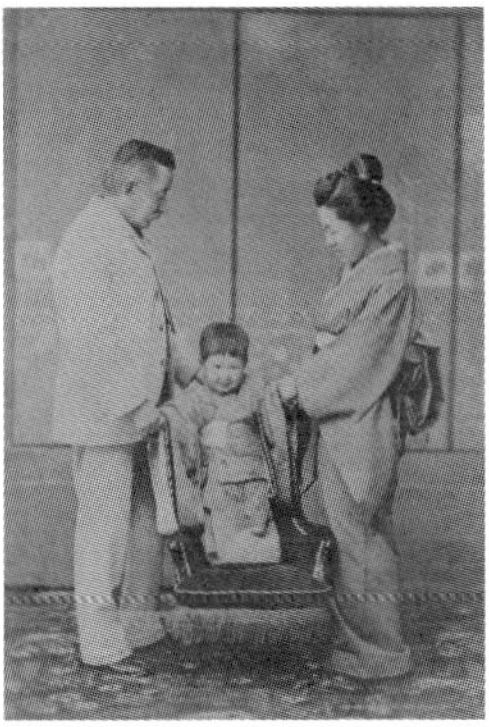

神戸時代、明治28年の小泉八雲とセツ、一雄親子　写真提供：小泉家

ない、言葉も違う遠い地に向かうのに不安がなかったとは思えない。その後、神戸、東京に移り住み、二人はハーンが世を去るまでの一四年間を共に歩んだ。

文学の共同作業者として優れていたセツ

セツは妻であり母であったが、ハーンにとってセツはそれだけの存在ではなかった。ハーンはかなり早い時期にそれを認識したと思われる。セツが文学の共同者として、アシスタントとして他の誰よりも優れた能力を持っていることに気付いた。日本語の聞き取り能力に限界があったハーンに、英語のできないセツが以心伝心をもって昔話や怪談を語り、それをハーンが理解し創造力を持って文学に高め、表現するというスタイルが二人の間に作られていった。もちろん互いの信頼、愛情に裏付けられてこその形である。

セツは多くの昔話や伝説を聞いて育った。お話好きで周囲に話をせがむ子であった。また松江や小泉家をはじめとする当時の家々には多くの奇談や怪談が伝わっており、セツはそうした風土の中で成長していた。これらを求められるままにハーンに話し聞かせた。話がなくなると古書店で材料を探し求めた。ハーンは「本を見る、いけません。ただあなたの話、あなたの言葉、あなたの考えで……」と高い要求を出した。自分のものにしてから話さなければならないため、夢にうなされるほどであった。

また、二人だけで通じる独特の日本語である「ヘルンさん言葉」で、ランプの灯を下げて何度も何度も話し、聞くときは顔色が変わっていた。一つの単語をめぐって、そのときの気持ち、声色についてまで二人はくり返し意見を交わした。そうした二人の様子は周囲からは変わり者としか思えなかっただろうと回想している。共通語がない者同士で微妙な感情を伝えるのは簡単ではない。セツは豊かな感性と表現力を持った天性のストーリーテラーであった。『怪談』をはじめ多くの傑作はこうした共同作業から生まれた。ハーンにとってセツは失われた左目以上の存在であった。

自分に学問がなく役にたてないことを残念がると、ハーンは著書の並べてある戸棚の前に連れていき、「誰のお陰で生まれました本ですか？　学問ある女ならば幽霊の話、お化けの話、みな馬鹿らしのものといって嘲笑うでしょう」「ママさんのおかげで生まれましたの本です。なんぼう良きママさん。世界で一番良きママさん」と労《ねぎら》った。

セツ（前列左から２番目）と息子とその嫁たちと使用人　写真提供：小泉家

幸福な二人の生活の終焉は、セツ三六歳のときであった。その後、四人の遺児を育て、文豪といわれ一部からは神格化されるようになるハーン・小泉八雲の思い出とともに二八年間にわたり家を守って生きた。

江戸時代も半ばになると、各藩では
藩の財政改革のため有能な人材が必要となり
藩校をつくり、藩士子弟の教育に尽力した。
また松下村塾は幕末維新の志士を生み
近代国家を創出する原動力となった。
歴史を動かした中国地域の藩校と私塾に
スポットを当てる。

松江城　写真提供：島根県観光ギャラリー

第4章

歴史を創った藩校と私塾

第1節

特色ある藩校

1 庶民教育の先駆けとなった閑谷学校　岡山藩

浅利　尚民
林原美術館学芸課課長

名君池田光政が創設

閑谷《しずたに》学校は、岡山藩主池田光政が創設した、庶民の子弟の教育を行うための学校である。わが国の庶民教育史上特筆すべきもので、藩士の子弟の教育を行っていた岡山藩の藩校とともに、江戸時代を通じて全国的に著名であった。

池田光政は近世初期の名君と評されており、学問を好んだことでも知られている。寛文六年（一六六六）一一月、他藩に先駆けて藩士の子弟を教育するための機関である藩校の前身にあたる仮学校を設け、寛文九年七月二五日には藩校の開校式を行ったが、ここに至る過程で光政は、中江藤樹や熊沢蕃山《ばんざん》らの儒学者たちから多くのことを学んでいる。

藩校の設立と並行し、光政は自らの理想を藩士だけでなく、庶民にまで及ぼそうと考えた。寛文六年に領内の和気《わけ》郡木谷村を訪れ、この地に学校をつくることを命じ、二年後には庶民教育のため、領内一二三か所に郡中手習所を設けた。

寛文一〇年、学校奉行の津田永忠《ながただ》に建設を命じ、地名を「閑谷」と改称した。永忠は寛文一二年に飲室と学房を、翌年には講堂を設け、延宝二年（一六七四）には聖堂を建立したが、このときに建てた当初の学校は屋根も茅葺きで簡素なものであり、現在の閑谷学校とは別のものであった。

閑谷学校講堂　写真提供：林原美術館

光政が天和二年（一六八二）に没した後、永忠はその遺品の多くを閑谷学校へ納め、貞享元年（一六八四）に聖廟（孔子を祀《まつ》る建物）を再建し、二年後には新しい聖堂で最初の＊釈菜《せきさい》を行った。そして元禄一四年（一七〇一）に鋳造した孔子の金銅像を、宝永四年（一七〇七）に同所に安置している。貞享三年に、聖堂の東の光政を祀る芳烈祠《ほうれつし》が造営された。宝永元年に鋳造された金銅製の光政坐像は、孔子像と同じく宝永七年になってから芳烈祠内に安置された。

これと並行して元禄一一年、永忠は光政の跡を継いだ二代藩主池田綱政に願い、講堂の改築に着手した。三年後の元禄

＊釈菜：孔子を祀る祭礼。

一四年に完成するこの講堂は、現在国宝に指定されており、*錣《しころ》葺《ぶ》きの備前焼の瓦屋根を持つ。講堂を含めたほとんどの建物の屋根は備前焼瓦で作製されており、完成当初から変わらずに緋色の輝きを放っている。

同年、閑谷学校の校門の左右から、主要な建築物を囲むように設けられている石塀も完成した。現在は重要文化財に指定されている石塀は、延長七六五メートル、水成岩を不整形に切った上で組み合わせ、上部はかまぼこ形に仕上げており、当時の石工技術水準の高さがよく分かる。これら以外にも、元禄一五年（一七〇二）には芳烈祠の東側に光政の爪、歯、髭を祀った供養塚である椿山《つばきやま》（御納所）も築いている。このように、約三〇年にわたる永忠の活動により、現在の閑谷学校が造営されたのである。

以後、閑谷学校は庶民教育を支える機関として岡山藩の教育活動を担うとともに、光政の遺徳をしのぶ場としての役割も果たしてきた。池田家歴代の当主や藩主の肖像画を整理し、自らも多く描いた三代藩主池田継政は、寛延四年（一七五一）九月に、光政の画像を閑谷学校に納め、芳烈祠に毎年八月に供え物があるときに掛けるように命じている。

また江戸時代後期になると、多くの文人が高名な閑谷学校を訪れるようになるが、幕末期の思想に大きな影響を与えた頼山陽もそのうちのひとりであった。文化一一年（一八一四）一〇月、頼山陽は閑谷学校へ立ち寄り、教授だった武元君立と歓談した。この際、

＊錣葺き：錣とは兜や頭巾の下に布や縅（おどし）などをたらして保護する覆いのこと。板に段をつけて並べた錣板を応用して葺いた屋根。

かねて依頼されていた自筆の詩文『黄葉亭記』（林原美術館所蔵）を君立に渡している。

閉校と再開を繰り返した近代

近代に入ると、閑谷学校も大きな変革にさらされることになる。明治三年（一八七〇）に、岡山藩は閑谷学校を閉鎖し、翌年、廃藩置県により藩も岡山県となった。その後、明治六年に有志が儒学者山田方谷を招いて再開し、閑谷精舎と称したが、明治一〇年には閉校となった。その後、旧岡山藩士たちによって閑谷黌《こう》として再び復興されると、明治一七年に教育者である西毅一が教頭となった。明治三六年に私立中学校の許可を得て閑谷中学校となり、その後も名称や所属を変更しながら教育機関としての活動を続けた。その間、在籍者や卒業生として文学者の正宗白鳥、実業家の大原孫三郎、詩人の三木露風など、多くの人材を世に送り出している。

昭和三九年（一九六四）に後身の和気閑谷高校が閉鎖した翌年からは、岡山県青少年教育センター閑谷学校に改組され、現在も岡山県の青少年教育の一翼を担っている。このように、光政の創設した閑谷学校は、教育県岡山を象徴する存在として、現在まで教育の灯をともし続けている。

2 長州藩再建を担った藩校明倫館と三田尻越氏塾

長州藩
道迫　真吾
萩博物館主任学芸員

明倫館《めいりんかん》教育の神髄とは

中国の古典『孟子』に「庠序《しょうじょ》学校を設け為して、以《もっ》てこれを教う。（中略）皆人倫《じんりん》を明らかにする所以《ゆえん》なり」という一節がある。ここでは、学校とは「人倫を明らかにする」場であると説明している。長州藩の藩校、明倫館という名称はここから採られた。つまり、人として守るべき正しい道を教えること、これが明倫館教育の神髄だったのである。

長州藩の兵学者吉田松陰は、同藩を代表する『孟子』の研究者でもあった。松陰は、杉家に幽囚中の安政三年（一八五六）九月、『松下村塾記』を著し、それに「学は人たる所以を学ぶなり」と書きこんだ。学問とは人間が人間たる理由を学ぶものだ、と主張するのである。いかにも、もと明倫館の教師であった人らしい言葉ではないだろうか。

明倫館の開校式は、享保四年（一七一九）一月一二日、五代藩主毛利吉元をはじめ、重臣ら臨席のもとに執り行われた。通説では、大江広元を祖とする毛利家には学問を重視する伝統があり、明倫館の創設は好学の藩主吉元の強い意向を受けたものとされてきた。

しかし、単純に吉元が好学だったからという点だけに、明倫館創設の要因を特化してよいものか。こうした疑問を抱いた山口大学名誉教授の小川國治氏は、もう一つの重要な要因を探り出した。以下、小川氏の研究にもとづき、明倫館創建の真意をみてみよう。

毛利吉元は、もと長府藩（長州藩の支藩）の＊世子《せいし》であったが、宝永四年（一七〇七）、長州藩主毛利吉広が没し、宗家を継ぐ。毛利宗家の血筋が途絶えて長府毛利家の血筋と入れ替わったことの影響は大きく、支藩、一族はもとより長州本藩家臣に深刻な事態をもたらした。また、徳山藩の改易や長府藩の断絶など重大な事件が頻発し、家臣の士気は退廃していた。藩政中枢にあった毛利家一門の毛利広政（右田毛利家）は、この事態を憂慮し、藩校を創設して文武の奨励を図るとともに、藩主への忠誠および長州本藩家臣と旧徳山藩家臣の一体化を求めた。これは藩主吉元の希望するところでもあった。つまり、明倫館の創建には、長州藩の再建という深刻な問題が絡んでいたのである（小川國治、小川亜弥子共著『山口県の教育史』思文閣出版、二〇〇〇年）。

明倫館は享保三年一二月、萩城三の丸内に竣工し、九四〇坪の敷地を有した。本門の正面に聖堂、その奥に講堂を配し、射術場、手習場、礼式場、鑓場《やりは》、兵書場、馬場、学生寮などを備えた。学館の運営担当には、学頭、本締役、勘定役などの諸役が置かれた。学頭は、諸生の修業を管理し、春秋の釈菜《せきさい》を司る最高責任者で、初代には小倉尚斎《おぐらしょうさい》が任じられた。

＊世子：大名、将軍など貴人の跡継ぎ。

本締役は学館の庶務などを、勘定役は米銀出納などを、それぞれ担った。

小倉尚斎は、幕府の儒官林信篤《のぶあつ》（大学頭）の門人で、朱子学を講じた。ところが、二代学頭の山県周南《しゅうなん》は、荻生徂徠《おぎゅうそらい》の高弟で、明倫館の学風を朱子学から徂徠学に変えた。天保六年（一八三五）、学頭に就任した山県太華《たいか》は、幕府の正統学問である朱子学に戻した。

明倫館跡に残る有備館　写真提供：山口県

内憂外患の危機が高まった一九世紀半ば、長州藩の天保改革を指導した村田清風は、文武奨励と人材養成の必要を主張した。これを認めた一三代藩主毛利敬親《たかちか》は、明倫館の移転、拡充を決断する。従来の明倫館では敷地が狭く、子弟の通学に不便だったからである。

嘉永二年（一八四九）、城下中央の江向《えむかい》に新明倫館が完成した。重建明倫館ともいう。新明倫館の生徒は小学生（八から一四歳）と大学生（一五から二四歳）に大別された。小学生は手習場に通学し、学課は四書五経などの素読（音読）が中心であった。大学生は自宅通学生と居寮生とに分かれ、居寮生の優秀者は舎長となった。大学生の学課は、講釈（解釈、読解）、会業（講読、研究）、詩会、文会などがあり、毎年春秋二回の試験が行われた。

新明倫館は一万五一八四坪の広大な敷地を有し、従来の文武稽古場以外に、周発台《しゅうはつだい》稽古場、練兵場なども設けられた。大砲や鉄砲の訓練が可能となり、武備の充実に役立てられた。

こうして文武の総合教育機関として生まれ変わった明倫館は、以後、藩内の郷校、三田尻越氏塾《えっし》、山口講堂などすべての教育機関に対しても指導力を発揮していった。

明倫館は江戸中期、長州藩の危機を乗り越えるために創建され、江戸後期に移転、拡充もなされた。その教育理念は人倫を明らかにすること、つまり道義と秩序を知らせることであった。明倫館は、いつの時代も人づくりが肝要であることを私たちに教えてくれる。

人材を養成した三田尻越氏塾

越氏塾は、河野養哲《かわのようてつ》が三田尻（山口県防府市）に開いた私塾に端を発する。養哲は、三田尻御船手組《おふなてぐみ》（長州藩の水軍）の中船頭の子で、医業の傍ら自宅で御船手組の子弟に儒学を教えた。明和四年（一七六七）河野氏の本姓が越智氏であったことから、越氏塾と称されるようになる。越氏塾は、幕末にいたるまでに総合的な塾に発展した。

養哲の家宅は享保四年（一七一九）、明倫館の開校に伴い免租地となった。養哲の門弟のうち、山根華陽《かよう》、小倉鹿門《おぐらろくもん》が明倫館の学頭となり、小田村鄜山《おだむらろくざん》が都講*となるなど、明倫館で重責を担っている。享保一二年（一七二七）、養哲の没後、藩は三田尻稽古場として承認し三田尻都合人支配下に置く。その後、長州藩の財政難などの諸事情で廃塾に近い状態になったが、寛保元年（一七四一）に再興された。一八四〇年代の記録によると、越氏塾は本堂、御書物蔵、儒役固屋、表門、本門、裏門などから成り、総坪数は六三坪二合余であった。

越氏塾はその後の移転、拡充などを経て元治元年（一八六四）に三田尻学習堂、さらに三田尻講習堂と改称される。明倫館とともに長州藩の人材養成に重要な役割を果たした。

3　各界のパイオニアを輩出した津和野藩校、養老館

津和野藩

松島　弘
津和野町文化財保護審議会会長

多くの俊英を生んだ藩校

石見国、津和野藩四万三〇〇〇石の藩校「養老館」は、天明六年（一七八六）に創立された島根県の最西南端に位置する外様小藩の藩校である。この藩校から一〇指に余る日本

*都講：舎長（明倫館居寮の一舎一舎の長）より累進する者で、文学寮生徒全体の取締役。

各界の先駆者を輩出した。明治維新における「王政復古の大号令」は、養老館国学教授の大国隆正の『神祇本義』の理念が生かされたものであった。明治初頭、太政官（総理）と共に国体確立の中枢にあった神祇官には、藩主亀井茲監《これみ》が神祇官副知事となり、各省の最上位に神祇省が置かれると藩の国学者、福羽美静《ふくばよしず》が神祇大輔として最高の地位に就いた。

養老館正門　写真提供：津和野町観光協会

養老館教官であった西周《あまね》は、オランダへ留学し、西洋哲学、心理学、論理学、美学のわが国への移植にとどまらず、日本人の近代的思考への啓発、日本の政治制度、軍事制度の確立に尽力し、日本の近代化に果たした功績は計り知れない。

山辺丈夫《やまのべたけお》は日本開国以来諸国から輸入七割の繊維製品の市場となっている日本の現状を憂い、大坂紡績工業を興し、国の紡績業の近代化を推進、逆に七割を輸出するまでに国を富ませた。近代紡績業の父と呼ばれている。

小藤文次郎《ことうぶんじろう》は「日本地学（地質学）の父」と称される。明治二四年（一八九一）マグニチュード八・〇の濃尾人地震の「根尾谷断層写真」は、彼の学説とともに世界各国の教科書に紹介された。中国地域の銅山王、堀藤十郎は電力、病院、学校建設など社会事業にも貢献した。高岡直吉は明治維新の初期を除き、島根県出身者で初めて島根県知事となった。

日本文学の確立者、文豪森鷗外は、日清日露戦争にも従軍、祖国の防衛にも当たった。

この養老館は、天明五年（一七八五）に大坂より山口剛斎を館長として迎えた。剛斎は、国学、神道、徂徠《そらい》学に通じ、その後の藩校の在り方にも大きな影響を与えた人物である。翌年開校し、藩校を養老館と命名した。その由来は「老人を敬い幼い者をいたわれ」という『孟子』からの引用である。

学科は儒学（正学、朱子学）科のほか、数学、礼学、兵学で、武道は各師範の道場で行った。創立当時は、藩校入学以前に、男子七、八歳より城下の私塾の師範につき、四書（大学、中庸、論語、孟子）の素読を受け、次に進んで五経（易経、詩経、書経、礼記、春秋）を学び、就学は当初一五、一六歳で初めて講義を受けた。

養老館は数学科に特色があった。のちに養老館教授となった桑本才次郎は、津和野藩出身で幕府天文方に抜擢され、伊能忠敬に先んじて蝦夷地を測量した堀田仁助の家塾に学んだ。『尖円豁通《せんえんかっつう》』と題した微積分の養老館出版のテキストを書き、その付録の問題はパリ大学の懸賞問題と同じで、それより七年早く作成記載されている。

国学を中心に置いた教育

嘉永二年（一八四九）に藩校の機構改革が行われ、国学科、西洋医学科（蘭医科）を創設し、武道場も完成させ、各武道を藩校で修めさせた。

ここに国学、医学、儒学、礼学、兵学、芸術（槍、剣、弓、馬、柔、居合、砲術の各術科）を持つ総合藩校となった。儒、仏の外来思想渡来以前の日本古来の思想である国学（大国隆正は津和野本学と称した）が藩校の中心に置かれ、教授に富長八幡宮社司《しみたけ》の岡熊臣《おかくまおみ》を抜擢、養老館の学則を制定させた。その序文の壁頭に「道は天皇の、天下を治め給う大道」としている。「学問を修める目的は、日本を統一した為政者（天皇）が天下万民の幸福を考え、国を治めた方法と目的を学ぶこと」であって、幕府の正学、朱子の説く「心を統一して宇宙、人間の本質『理』を究めること」個人の道徳的、人格的完成した聖人になることに、目的があるのではないとする。政治は個人の道徳的感化によって動くだけのものではないとして、伝統的な権威に権力の正当性をおいた。

西洋医学科は、坪井流の西洋医学を学んだ吉木《よしき》陶白、シーボルトの西洋医学、モーニッケの牛痘《ぎゅうとう》接種を学んだ吉木蘭斎《らんさい》親子が中心となった。西洋の学問を学ぶ指針を書いた『西学入門』（養老館出版）を教授吉木蘭斎が書き、テキストにはドイツのベルリン大学教授が書いた『内治全書』（漢訳）や、蘭文に翻訳した『エンキリディオン、メディコム』なども使用されていた。天然痘の予防接種は代官所に集め実施された。

儒学科の市川困斉（養老館教頭）は、ヘンリー・ホイートンの国際法を米人宣教師ウィリアム・マーチンの漢訳『万国公法』をテキストに使用していた。明治二年（一八六九）、先聖孔子らを祀る聖堂に先師に代わり亀井家家祖や忠臣楠公を祀り、唐様の祭器を日本式の磁器や木製に変えた。明治四年、諸藩に先がけ廃藩を建議、浜田県に合併した。翌年、浜田県は養老館廃校を決定した。

養老館最後の在学生、森鷗外は明治四二年九月二五日の日記に「鹿足郡立高等女学校を落成を報じ来ぬ。一〇月二日開校すという」と記し、今なお連綿と続く養老館好学の気風を喜んだ。

4　近代での発展につながる　岩国藩校、養老館　岩国藩

原田　史子
吉川史料館学芸員

藩主経幹《つねまさ》が藩校を設立

養老館が設立される以前には、藩士の子弟のための教育施設（「講堂」と呼ばれた）は

横山《よこやま》と錦見《にしみ》の二か所にあったが、建物の老朽化もあり、藩としての学校設立の要望が高まっていた。そこで、弘化二年（一八四五）、岩国一二代藩主の吉川経幹は、用人の佐武晋に指示して萩本藩の明倫館に倣い学校設立の準備を進めた。翌年六月には起工式を行い、弘化四年五月に完成している。

新しい藩校は藩主の居館である御館の近くに建てられ、養老館と命名された。これは、樋口蘭畹《らんえん》の『節倹略《せっけんりゃく》』の一節から採用されたものといわれている。

同年五月二〇日には開校式を行った。館内に聖廟を置き釈典の礼を行い、養老の典をあげている。

ここに、一三歳から三〇歳までの藩士の教育施設が完成した。設立時には下級藩士の子弟の入学には制限があったが、次第に緩和された。

吉川経幹
画像提供：吉川史料館

学校には、組織として総裁、学監、学頭、教授、助教、司筵《してい》（保護監督司）、訓導、執法、書記を置いている。武技の担当には、各々師家を置き、その下に執事と助師がいた。

文学の授業内容は「経伝子史詩文」で、

これは儒学（四書五経）と詩文であり、弘化五年（一八四八）からは和歌連歌なども加わった。

開校後の改定

嘉永元年（一八四八）には、極貧であったり病弱の者に限っては全課程の履修から二、三の履修を選ぶだけでもよいと変更されている。さらに安政六年（一八五九）には、学則の一部も改定された。改定は次のとおりである。

一、四〇歳まで延長すること。
一、武芸各流に取立役および試合頭の制度を定めること。
一、組外通の入学許可。
一、小組通の文武一芸は願出なしに出勤可能。

この改定のあとは、一八歳になると文武考査の制度が施行され、春と秋の二回が行われていた。合格できない者には再試験が行われ、二〇歳になっても合格できない者には一方のみの試験が例外的に認められていた。原則として、まったく合格できない者には家督相続も役職登用も許されなかったという。特に、戸主ともなると退隠もしくは俸禄の削減などが科される場合もあった。

ただし、文武どちらかに傑出した者であれば二〇歳以上になった段階で一段と厳しい試

養老館石碑　写真提供：吉川史料館

験に通ることによって一方の専業を許される場合もあった。文久三年（一八六三）八月、養老館内に八歳から一三歳までの子どもが素読と手習いをする教育の場が設けられた。

しかし、多くの藩士を育てた養老館も、慶応二年（一八六六）一月二八日に原因不明の出火で大半を焼失してしまい、素読と手習いをする施設だけ残して廃止することとなった。

素読寮の設立

慶応二年一一月、第二次幕長戦争後に藩の兵制の改革によって、軍隊の編成が行われ、少年にも入隊する者が多かったため、学校再開の目途が立たなくなっていた。

翌年二月二日、藩は一五歳以下の入隊を禁じた上で八歳から一五歳までの子弟に文学専修を命じ、そのための施設として素読寮を開業した。これは明治二年（一八六九）まで続いたが、藩の学制改革により、素読寮を廃して文学校とした。

その後、再び学制を改めるが、その中でも特筆すべきは、イギリス人スティーブンスを招いて語学校を開校したことである。

語学校は、語学、算術、代数、物理学などの授業が英語で行われた。スティーブンスの在任期間は二年であったが、彼の教え子には、のちに東芝創始者の一人となる藤岡市助や初代帝国図書館長田中稲城など、日本の近代化に大きく貢献した人物がいた。

5　仕進法で人材登用に革命を起こした誠之館

福山藩

鐘尾　光世
福山城博物館館長

老中阿部正弘が開学

藩校誠之館は幕末の老中筆頭阿部正弘が開学した福山藩校である。その誠之館《せいしかん》に先行して弘道館が天明六年（一七八六）に城下の西堀端に藩士の教育機関として建設され、庶民にも聴講の門戸を開いていた。家業に余力がある者で、麻裃《あさがみしも》を着用して出席せよと触れているところをみると、自ら階層に制約を設けていたといえるが、庶民にも封建教学に参加させる意図があったといえよう。

この弘道館は、阿部正弘の祖父で老中も務めた福山阿部氏四代阿部正倫《まさとも》が開校している。当時は、全国的に大飢饉に見舞われ、藩財政も窮乏し一揆が頻発するときだったが、武士の教養の向上を図ったことは注目に値する。

また、父の正精《まさきよ》は文政元年（一八一八）に江戸詰の藩士のために江戸丸山藩邸（現在の東京都文京区本郷あたり）内に学問所を設置し、孔子の銅像を下賜《かし》して学問を奨励している。弘道館への出席者名を江戸に報告させたり、剣術の上覧試合や弓術の上位者に褒美を与えたり、国元福山への正弘の書簡では藩士が文武に出精しているかを藩の様子を尋ねるより先に問うほど教育に熱心であった。

だが、こうした藩主による文武奨励策も不振で、弘道館教育が所期の成果を得られないならばと、抜本的な教育改革を行う必要に迫られていた。こうして弘道館は天明以降安政元年（一八五四）まで六九年間、福山藩の教育施設として運営されたが、やがて訪れる封建社会の矛盾の激化に直面し、加えて欧米列強の武力による威圧という未曽有の国難に対処できる人材の養成は急務を要することとなり、新たな藩校誠之館の創設には阿部正弘の決断が不可欠となった。

新しい藩校誠之館の創設について、嘉永五年（一八五二）六月に阿部正弘が示した造営趣意書には、学問は「国を治るの大本」であり、幼少より教育して人材を育成する必要

藩校誠之館玄関　写真提供：福山城博物館

があると述べている。そこで、文学のみでなく諸武芸稽古場を併設した学校を城下の中央部に建設したい。建設費は自分の手許入用金を節約して、とりあえず一〇〇〇両を学校経営に充てたいという内容であった。

　翌嘉永六年（一八五三）、まず江戸丸山藩邸内に学問所が建設されて、誠之館と命名された。誠之館の名称は中庸の「誠者天之道也、誠之者人之道也」からとり、その扁額は水戸藩徳川斉昭の揮毫《きごう》を得て丸山誠之館の玄関に掲げられた。この斉昭書の宋篆書体《そうてんしょたい》と大師様書体の二様は表装されて今に残っている。

「仕進法」で藩政改革

　一方、福山誠之館は嘉永七年九月に着工し一二月には竣工している。場所は福山西町字霞町道三口で、誠之館敷地五〇〇〇余坪、付属の操練場は一万八〇〇〇余坪に及ぶ広大な学舎となった。

正門を入ると正面に一ノ門があり、中へ進むと今も遺る玄関の式台で、そこに「誠之館」の扁額が掲げられていた。学堂は東西に長い平屋建てで一棟から三棟まで並び、その先に講武館（先勝堂）がある。毎年正月開会式には孔子堂に孔子像と孔子画幅が掲げられた。第二棟には、国学、第三棟には、蘭学、医学、長沼流軍学*など多くの教室が並び、二階建ての書籍蔵が付属していた。この学舎の東隣に南北に長い馬場があり、その東側に各武術の稽古所が南北に並び建てられていた。操練場は、学舎の東方に広大な面積を占めていて、兵馬操練に十分の広さであった。

福山誠之館の開講は安政二年正月一六日で、以後毎年この日には正弘の学館経営についての方針を読み聞かせたという。その内容は、「文学経義に根拠して平生の心を定め、武術を講究して不慮に備へ、文武一致に勉励すべし」というものであった。これを実効あるものにするためにも教科は従来の儒学のみだけでなく国学、洋学、数学、習字、礼法、軍法をはじめ武芸全般に及び、医学も加えられた。しかも藩十の子弟は八歳になると全員就学させ、定められた教科課程を学習し、考試を経て、文武兼備の者は家格に関係なく二人扶持で召出し、庶民にもその機会を与えた。

藩士の子弟を学ばせ、その成績によって藩士に登用するという、この誠之館の「仕進法」は封建社会の根底を揺るがす一大改革であった。緊迫した幕末に、世界に通じる学問

＊長沼流軍学：江戸時代の初めに長沼宗敬が創始し、名声を博した新兵法学。

を取り入れ、儒学も頼山陽学派の学者を登用し、国学も尊王論者である大国隆正《おおくにたかまさ》、鈴木重胤《しげたね》らが招聘《しょうへい》された。洋学では蘭法医の寺地強平《てらちきょうへい》に蘭学を講義させ、洋学修業にも出した。正弘自らが推進させた幕府の蕃書調所へも藩士を就学させ、長崎の蘭法医杉純道《すぎじゅんどう》（亨二《こうじ》）を招聘して洋学教育を受けさせるなど積極策をとっている。医学では、正弘の代から蘭法医も採用され、明治二年（一八六九）には医学校兼病院を設立して同仁館と命名され、院長の寺地強平が中心となって西洋医学の教授と診察にあたっている。兵学では代々甲州流*兵法を採用していたが、正弘は長沼流を進め、その教義を練磨するよう書状で言い渡した。洋式兵学も安政元年（一八五四）、正弘は藩士に訓練させ、江川太郎左衛門の韮山《にらやま》塾にも藩士を派遣して学ばせ、大砲の発射訓練も実施させている。のちの箱館戦争への出兵編成にはこの西洋流を採用している。

こうして正弘が創設した誠之館教育は、順調に進み、仕進法もその後改正を加えられたが、正弘の誠之館への熱望は実現されたし、幕末の争乱の中において、藩主阿部正教《まさのり》と正方《まさかた》は正弘の遺志を継いで教育の充実に意を用いている。廃藩後は一時師範学校となったが、県立福山中学校から福山誠之館中学校へと校名や校地は変わりながらも、現在も県立誠之館高等学校となって続いている。その校庭の一隅に藩校時代の誠之館玄関が移築され、式台の上には扁額が掲げられ誠之館精神を鼓舞している。

＊甲州流兵法：甲斐武田氏の戦術が理想化され、江戸時代に大成された兵学。

6 浅野藩校の講学所を淵源とする修道館　広島藩

光成　準治
県立広島大学非常勤講師

浅野重晟《しげあきら》が学問所を再建

広島藩における藩校の端緒は、享保一〇年（一七二五）の講学所である。五代藩主浅野吉長は、藩士およびその子弟に武術を受講させるため、広島城の北に位置する白島に稽古屋敷を設置した。併せて、文武両道を奨励するために、稽古屋敷内に漢学の教場として講学所を開設し、寺田臨川《りんせん》が教育に当たった。享保一九年になると、講学所は講学館と改称されたが、広島藩が財政難に陥ったことから、経費削減のために、寛保三年（一七四三）に白島稽古屋敷は廃止、講学館も閉鎖された。同時に月次講釈も廃止され、藩士教育は私塾によって担われることとなった。

七代藩主浅野重晟は財政再建を進める一方、天明元年（一七八一）、藩校の再建を企画し、頼春水《らいしゅんすい》を藩儒に登用して学制を作成させた。翌年、広島城「二の曲輪」（現在は三の丸として認識されている区域）に学問所が開設され、東学（松舎）、西学（竹舎）などが置かれた。東学においては古学、朱子学、西学においては闇斎学《あんさいがく》＊の講義が行われたが、学派対立が著

＊闇斎学：近代初期の儒学者である山崎闇斎の提唱した朱子学。

しかったため、天明六年（一七八六）の「天明異学の禁」により朱子学を採用することが規定された。

学問所における教育内容は、儒学の素読、解読、復講、輪講に加え、天文（数学）、暦学、軍書なども行われ、詩会や文会も月一回ずつ開かれた。また、広島藩学問所の特徴として、開設当初より士庶共学であったことがあげられる。天明二年二月五日の触書には「陪臣そのほか農工商たりとも、銘々家業の余暇をもって罷り出で、孝悌の道承り候儀、篤志の輩においては、これまた相なるべく候事」とある。庶民は講堂にも昇ることができたが、その座席は身分、格式によって明確に区分されていた。

明治三年（一八七〇）、学問所は前年に設立されていた洋学所のほか、皇学所、医学所と統合され、修道館が開設された。場所は広島城内八丁馬場の家老浅野右近の屋敷跡である。庶民の入学も許可されたが、明治四年の廃藩置県によって閉鎖された。

修道館から修道学校へ

明治一一年、旧藩主浅野長勲《ながこと》は修道館を継承する学校として、私立浅野学校の開設を企画し、自らの別邸泉邸（現在の縮景園）内に私財を投じて建築された校舎を温知館と名付けた。明治一四年には、旧藩校の教授山田十竹《じっちく》（養吉）を校長に抜擢して学制改革を図り、校名も修道学校と改めた。明治一九年、浅野家が修道学校の経営から撤退したことにより、直接的に藩校を継承する学校としては消滅したが、山田十竹が経営を引き継ぎ、八丁堀の自邸内に修道学校を開設した。

藩を代表する学者

①寺田臨川　延宝六年（一六七八）、広島の医師寺田正茂の子として生まれた。味木立軒《あじきりつけん》や林鳳岡《ほうこう》（羅山の孫）に入門して、宝永五年（一七〇八）に広島藩主吉長の侍読《じどく》となった。講学館閉鎖後は、就学生徒を家塾において引き続き教育し、延享元年（一七四四）に没した。享年六七。吉長の命により「諸士系譜」の編纂を行った人物としても知られる。

②頼春水　延享三年、安芸国竹原において紺屋を営む豪商頼惟清の長男として生まれた。大坂混沌社の片山北海に儒学を学び、安永二年（一七七三）に大坂において学塾青山社を開いた。天明元年に広島藩の藩儒となったが、幕府老中松平定信とも親交を持ち、昌平坂《しょうへいざか》学問所において講義を行うなど、幕府の文教政策にも影響を与えた人物である。なお、次弟春風は竹原において竹原書院を設立、三弟杏坪《きょうへい》は三次町奉行を務めた。また、長男は『日本外史』の著者として有名な頼山陽である。

③香川南浜《なんぴん》　享保一九年（一七三四）、広島の書籍商香川忠兵衛の子として生まれた。京

に遊学したのち、広島の海浜六丁目村（広島市中区大手町）において学塾修業堂を開いた。学問所開設に当たり教授に登用され古学を担当したが、天明異学の禁により古学の講釈が禁じられたため、常林寺小路（広島市中区三川町）において修業堂を復興した。この復興には藩主重晟の援助があったため、修業堂の塾生数は学問所を上回っていたという。

学問所の遺構と考えられる土蔵の保存

平成二三年（二〇一一）、広島市東区愛宕町にあった一棟の老朽化した土蔵の解体が問題となった。この土蔵は、明治時代初頭に広島城の「御三《ごさん》の蔵」を拝領したとの伝承を持つものであったが、調査の結果、梁や柱は江戸期のものと推測され、また、屋根瓦の刻印は広島城の遺物と合致するため、広島城内にあった可能性が高いものと結論付けられた。したがって、「御三」とは三の丸を意味する。広島城の古図面において、この土蔵の大きさ（二間×三間）と合致するものが、学問所内に二棟描かれている。「芸藩学問所文久慶応頃ノ図」においても二階建ての庫（書庫）が二棟描かれている。これらから、この土蔵が学問所の遺構である可能性は極めて高いとされた。

このため、藩校の流れをくむ学校法人修道学園は、この土蔵を譲り受け、修道中学校、高等学校の敷地内に移築して復元、保存することを決定した。中国地域における現存藩校建築物は多いとはいえず、非常に意義深い保存事業である。

第2節

歴史を動かした私塾

上田　俊成
松陰神社宮司

1　幕末維新の志士を生んだ松下村塾　長州藩

江戸期長州藩における教育環境

江戸時代後期における長州藩の教育水準は高く、幕末維新の時代に多数の人材が輩出され、彼らが種々の分野において活躍し、日本を先導し得たのは、その教育環境にあったといえよう。長州藩における教育機関は、官学としての藩校明倫館を筆頭に、郷校《ごうこう》、私塾、寺子屋の四種があったが、なかでも藩校明倫館と私塾である松下村塾はとりわけ大きい役割を果たした。

幕末期における長州藩の寺子屋は、一三〇四校あり、信州につぎ全国二位の数であった。幼少年期における基礎的な庶民教育は、広く浸透していたことがうかがえる。

私塾は一〇六校を数え、全国四位であった。私塾の果たした役割は大きく、吉田松陰の松下村塾や僧月性《げっしょう》の時習館《じしゅうかん》などは、大変革の激動の時代を牽引するほどの存在であった。私塾の教育活動によって、塾生たちの思想的、同志的結合は強固になった。奇兵隊などの諸隊は、私塾での教育成果を実践に生かし、討幕の軍事的基盤が形成されたといえる。

郷校は、藩主毛利氏の一門や重臣たちが、その家臣団の教育のために設置したもので、全国一〇八校のうち一九校を占め、全国一位であった。幕末期長州藩において、藩論が目まぐるしく変化するなか、挙藩一致体制の確立が要求されたが、郷校の指導者であった武士が、農商などの庶民に働きかけたことは、大きな意味を持った。

藩校明倫館は享保四年（一七一九）、長州藩五代藩主毛利吉元によって創設された。その後、一三代藩主毛利敬親《たかちか》は、財政改革の推進とともに、教育を充実させることにより有能な人材育成に意を注いだ。天保の改革と称されるもので、嘉永二年（一八四九）には新明倫館の建設事業が完成し、教育行政全般を統括する役割も持つことになった。そして挙藩一致体制を支える精神的基盤を醸成し、幕末期の藩内外の危機的状況に機能した。

吉田松陰は一一歳のとき、親試《しんし》といわれた御前講義を藩主敬親に行った。その英才ぶりから敬親は松陰の大成を期待し、松陰もまた藩主に対して特別な敬愛を生涯持ち続けた。

松下村塾の始まり

天保一三年（一八四二）、吉田松陰の叔父である玉木文之進《たまきぶんのしん》が自宅で私塾を開き、松下村塾と名付けたのが、村塾の始まりである。儒学を中心とする漢学塾で、当時一三歳の松陰をはじめ、兄の杉梅太郎のちの民治《みんじ》も学んだ。

幼少期、青年期における吉田松陰の学問の師はこの玉木文之進である。厳格な指導を行い、妥協を許さなかったといわれているが、松陰の才能をいち早く認めた人でもあった。

嘉永年間（一八四八〜五四）になると、松陰の外叔久保五郎左衛門《ごろうざえもん》が、玉木文之進から松下村塾の名を受け継いだ塾で、寺子屋程度の内容を教えた。塾生には吉田稔麿《としまろ》や伊藤博文などがいた。

松陰は下田踏海《とうかい》失敗により投獄され、のちに実家の杉家で幽囚の身となった。家族の勧めで、松陰は幽囚室（三畳半）で『孟子』や『武教全書』などの講義を行った。そこへ兵学門下生や近隣の若者が参加するようになり、手狭になったので、安政四年（一八五七）、杉家そばの小屋を改修して八畳一間の塾を開いた。久保五郎左衛門の塾から名を受け継ぎ、「松下村塾」と呼ばれた。その建物は現在、松陰神社境内に国指定史跡松下村塾として残っている。

松下村塾における塾生教育

①高い志を目指す教育

『松下村塾記』に松陰の考える教育の使命が明らかにされている。「学は、人たる所以《ゆえん》を学ぶなり。（中略）国の最も大なりとする所のものは、華夷《かい》の弁《べん》なり…」とあり、人としてどう生きるべきか、また、日本として最も大事なことは外国との違いを明らかにすること、すなわち日本人としてどう生きるべきか、という二点が村塾における教育の基本であった。

松下村塾全景　写真提供：松陰神社

また、いかに生きるべきかを求めていくためには、高い志を立てることがまず肝要であるとしている。自分はどのような人間になるべきかをしっかり見極め、自分の価値を十分発揮できる志を立て、その志を成し遂げていくことが学問であると説いている。

②身分を問わず出入り自由の塾

松下村塾での塾生教育はわずか一年一か月であったが、この間に出入りした塾生は九〇名前後に上り、その多くが萩の松本村を中心とした近隣の若者であった。

身分や学問の深浅を問わず、入退は自由であり、時間制限もなかった。礼儀や規則を簡略したり、排したりしたが、これは嘘偽りに満ちた世情を断ち、純朴で誠実な生き方を求めるためであった。

③至誠を貫き、個性伸長の教育

「至誠にして動かざるは未だ之あらざるなり」という孟子の言葉を座右の銘とし、至誠を貫いた松陰の教育は、塾生たちの魂を揺り動かした。

幽囚室　写真提供：松陰神社

教育の方法として、集団指導と個人指導の両面をしっかり押さえていた。集団で学びその成果を挙げるためには、まず心を通わせ、お互いの人格を認めあうこと。そして、分かり合って励まし合うことであると、松陰は考えた。

個人指導にこそ松陰の本領が発揮された。村塾は始業時間があるわけではなく、やって来る塾生それぞれに対応した。対話、議論を通じて、自分から気付いて改めていく。いわば「待つ教育」という方法をとり、その間に塾生の個性を的確に捉えて伸長させていった。

わずか一年余（幽囚室時代を入れても二年余）の短時日であったが、その教育効果は絶大であった。それを裏付けるべく、松下村塾は、幕末の種々の動乱や事件のなかで、久坂《くさか》玄瑞《げんずい》、高杉晋作《しんさく》、入江九一《くいち》、吉田稔麿など、明治維新の礎となった者、あるいは伊藤博文、品川弥二郎《やじろう》、山県有朋、山田顕義《あきよし》、野村靖《やすし》など、明治維新および明治時代の諸分野で指導的役割を果たした者などを輩出した。近代日本の創生に、師松陰の遺志を継いだ多くの塾生が関わっていったのである。

2　文人墨客が訪れた神辺の廉塾　福山藩

岡野　将士
広島県立歴史博物館主任学芸員

儒家菅茶山《かんちゃざん》

菅茶山は、名を晋帥《ときのり》、字は礼卿《れいけい》、通称は太中《たちゅう》（太仲）という。茶山は号である。酒造業を営む主人も務めた菅波樗平《すがなみちょへい》と半《はん》の長男として、延享五年（一七四八）二月二日、備後国安那《やすな》郡川北《かわきた》村（福山市神辺《かんなべ》町川北）に生まれた。

本荘屋《ほんじょうや》菅波家は、同じく本陣役を務めた尾道屋菅波家の分家筋に当たる。父の樗平は高橋家から養子に入り、本荘屋を継いだが、若くしてその家督を譲り、酒造業と農業を営みながら、文芸にいそしむ生活を送った。蕉風の俳諧に親しみ、句集に『三月庵《やよい》集』がある。

廉塾　写真提供：広島県

また、母の半も国史に通じており、茶山の周辺には、幼少期から学問や文芸に触れる環境があった。

文字を嗜《たしな》み学問を志した茶山は、京へ遊学して古文辞学を市川《いちかわ》某に、古医法を和田泰純《やすずみ》に学んだ後、帰郷し通称を太中と改めて、村童《そんどう》に教授を始めた。神辺で村童を教授した場所には、桂樹《きんもくせい》が植えてあり、それ故「金粟園《きんぞくえん》」と呼ばれていたが、天明元年（一七八一）ごろ、家の東北に別学舎を建て、黄葉山《こうようさん》の西側麓という意味の「黄葉夕陽村舎《こうようせきようそんしゃ》」と名付けた。

明和八年（一七七一）に茶山は、備中鴨方《かもがた》（岡山県浅口市鴨方町）の西山拙斎《せっさい》と知り合い、古文辞学の非を悟り朱子学の那《な》波《わ》魯《ろ》堂《どう》に入門した。拙斎は魯堂門下の兄弟子にあたる。その後も数度の京や大坂への遊学により、大坂では頼春水《らいしゅんすい》や、中井竹山《ちくざん》、竹山の弟の中井履軒《りけん》らと、京においては、池大《いけのたい》雅《が》、六如《りくにょ》上人、大原呑響《どんきょう》、蠣崎《かきざき》波《は》響《きょう》、皆川淇園《きえん》、呉《ご》春《しゅん》、維明《いめい》上人らと交わっている。

寛政八年（一七九六）には自らの塾の永続のため、塾の建物と塾附属の田畑を藩に献上し福山藩の郷校とした。以後茶山の塾は神辺学問所、廉《れん》塾などと呼ばれるようになる。

塾の教育内容は、菅茶山とともに藤井暮庵《ぼあん》、頼山陽、北條霞亭《ほうじょうかてい》ら都講《とこう》（塾頭）による四書五経を中心とした講釈であった。なかでも、頼山陽については、茶山と山陽の父頼春水の間で交遊があったことから、茶山は、山陽の幼いころからその才を高く評価していた。寛政一二年、山陽は脱藩を企て、連れ戻されて座敷牢に幽閉される。謹慎が解かれた後の文化六年（一八〇九）、後継者に恵まれなかった茶山は、山陽を後継者と目して廉塾へと迎えた。もともと、京都、大坂への憧れの強かった山陽は、神辺の生活に満足できず、文化八年には、神辺を飛び出し、京へと上った。その後の山陽による『日本外史』の執筆と幕末思想史に与えた大きな影響は周知のところである。山陽が神辺にいる間、茶山の詩集『黄葉夕陽村舎詩』の校正を行っているが、この山陽の批正《ひせい》*に対して、茶山は素直に受け入れていること、茶山の死後、山陽が『黄葉夕陽村舎詩遺稿』をまとめていることからも、茶山の山陽の才能に対する深い理解と山陽の茶山に対する尊崇の念があったと考えられる。

詩人として名声を得た茶山

茶山は、享和元年（一八〇一）、福山藩第四代藩主阿部正倫《まさとも》により福山藩の儒官に登用され、藩校弘道館《こうどうかん》への出講も命じられる。

＊批正：批判して誤りを正すこと。

文化元年（一八〇四）と文化一一年には、福山藩第五代藩主阿部正精《まさきよ》の命により江戸へ赴いた。この二度にわたる江戸滞在時には、＊寛政の三博士と呼ばれる柴野栗山《りつざん》、尾藤二《じ》洲《しゅう》、古賀精里《せいり》、岡田寒泉《かんせん》をはじめ、幕臣で詩に長じた岡本花亭《かてい》、寛政の五鬼と呼ばれた亀田鵬斎《ほうさい》、江戸文人画の谷文晁《たにぶんちょう》ら多くの文人たちとの交流がなされ、茶山の交友関係をさらに広げることとなった。

儒学者かつ教育者でもあった茶山だが、その全国的名声は、詩人としての評価によって得た。六如上人《りくにょ》をはじめとする宋詩に範をとった詩風を大成した茶山は「当世随一の詩人」と評され、寛政九年（一七九七）に刊行された詩集『黄葉夕陽村舎詩』は当時のベストセラーになった。自費出版が常識であった当時、「＊上木《じょうぼく》費は書林の負担、本仕立は茶山の望み次第」という破格の対応での出版であった。形のうえでは藩の儒官となった後も、茶山の活動の拠点は「黄葉夕陽村舎」であり、そこから「学種」を育てることを第一とした。さらに茶山との面会を求めて、西国街道を往来する多くの文人墨客が廉塾を訪れた。当時の評価は、亀田鵬斎に「菅君詩をもって、世に鳴る」と言わしめ、大学頭の林述斎《じゅっさい》に「詩は茶山」と評されたことでうかがえる。

茶山は、文政一〇年（一八二七）八月一三日、八〇歳で亡くなり川北村の網付谷《あみづけたに》に葬られた。その墓碑は頼杏坪《らいきょうへい》の撰文である。この葬儀には、近親者、福山藩関係者、弟子

＊寛政の三博士：柴野、尾藤に、古賀または岡田を加えて呼ぶ。
＊上木：書物を出版すること。書物を印刷するために版木に彫ること。

たちを含めて二〇〇余名が参列したと記されている。「廉塾ならびに菅茶山居宅」は昭和二八年（一九五三）に国の特別史跡に指定されている。

3　足守藩出身の緒方洪庵と大坂で花開いた適塾

谷一　尚
林原美術館館長

近代医学の祖、緒方洪庵

緒方洪庵は、文化七年七月一四日、備中賀陽郡足守《あしもり》（岡山市北区足守）に足守藩士佐伯惟因《これより》、母キヤウの三男に生まれた。平安末に緒方惟康が豊後佐伯氏を名乗り、伊予宇和島の藤堂氏に仕えた惟定の弟、惟寛の末裔とされる。豊臣秀吉の正室北政所の兄木下家定が初代藩主の足守藩陣屋町から、足守川に架かる葵橋を渡ると緒方洪庵の生家跡（県史跡）がある。諱は章《あきら》、字は公裁、号は洪庵、適々斎、華陰である。

洪庵は、文化一四年、八歳で天然痘を罹患している。初めは田上騂之助《たがみせいのすけ》といい、文政八年二月、一六歳で元服したとき、惟彰《これあき》を名乗る。この年、大坂に足守藩の蔵屋敷ができ、留守居役となった父と大坂に出た。翌文政九年七月、蘭学医中環《なかたまき》（号は天游）の私塾「思々斎塾」門下となり、緒方姓となり名を三平と改めた。

文政一三年（一八三〇）四月、師の勧めにより、江戸で修業のため二一歳で大坂を離れる。しばらく千葉の木更津におり、翌天保二年（一八三一）二月、二二歳で江戸の蘭学医坪井信道に学び、これより四年間で『人身窮理学小解』など多くの翻訳を完成した。また、宇田川玄真にも学ぶ。天保六年二月、信道塾を去り一旦帰国。次いで大坂に出て中環の塾で蘭書を講義した。翌天保七年二月、大坂を立ち長崎へ遊学、蘭人医師ニーマンに医学を学ぶ。このとき緒方洪庵と名を改める。長崎で青木周弼《しゅうすけ》、伊東南洋と三人で『袖珍内外方叢《しゅうちんないげほうそう》』を訳し、大歓迎された。

緒方洪庵生家跡（岡山市北区足守）　写真提供：林原美術館

大坂で適塾を開く

天保九年正月、長崎を立ち足守に帰り、三月に大坂に出て、瓦町（大阪市中央区瓦町）に蘭学塾「適々斎塾」（略して「適塾」）を開き、医学の傍ら蘭学を教える。七月、中環門下の先輩、摂津名塩の億川百記の息女八重と二九歳で結婚する。のちに六男七女をもうける。洪庵の名声は次第に高まり門下生も増え、瓦町の塾では手狭となったため、弘化二年（一八四五）一二月、船場過書町《かいしょ》（大阪市中央区北浜三丁目）の商家を購入し移転する。塾はさらに発展し、全国から青年が集まり、その数は三〇〇〇人を超えたとされる。門弟からは、弘化三年入門の村田蔵六（大村益次郎）、安政二年（一八五五）入門の福沢諭吉ら、幕末から明治にかけ重要な役割を果たす人材が多数輩出された。なお、福沢諭吉は塾生のとき、腸チフスを罹患した。中津藩大坂蔵屋敷で療養の際、洪庵が手厚く治癒し完治した。諭吉はこれを生涯忘れなかった。

嘉永二年（一八四九）一一月二日、京に赴き佐賀藩が輸入したばかりの痘苗（ワクチン）を得、同七日、古手町（大阪市中央区道修町）に、医師日野葛民、大和屋喜兵衛と種痘所（後に除痘館と改称）を開設し、塾経営の傍ら牛痘種痘の普及に尽くす。同年、日本最初の病理学書『病学通論』全三巻を刊行し、病気の本態を概説した。翌嘉永三年、郷里足守藩の要請により「足守除痘館」を開き切痘を施す。そのころ牛痘種痘法は牛になるなどの迷信が障害となっていた。そのため治療費を無償として患者に治験を行い、痘苗を関東から九州までの一八六か所の分苗所で維持しながら、治療を続けた。

安政五年四月二四日、洪庵の天然痘予防活動を幕府が公認し、牛痘種痘が免許制となる。同年のコレラ大流行には、『虎狼痢治準《ころりちじゅん》』と題した治療手引書を刊行し、医師に配布して日本医学の近代化に貢献した。また、独医フーフェランドの内科書全三〇巻の翻訳『扶氏《ふし》

適塾（大阪市中央区北浜）　写真提供：林原美術館

経験遺訓《けいけんいくん》』を刊行し、日本の内科医に多大の益をなした。万延元年（一八六〇）、適塾の南、現在の緒方病院の敷地に除痘館を移転する。また、門人の箕作秋坪《みつくりしゅうへい》から高価な英蘭辞書二冊を購入し、五一歳で英語学習を開始した。洪庵の語学力は抜群で、原語を分かりやすく的確に翻訳し新造語をつくる能力に長けていた。そのためには漢学の習得が不可欠であることをよく理解しており、息子たちにもまず漢学を学ばせている。

　文久二年（一八六二）八月五日、一四代将軍徳川家茂の命により江戸に召され大坂を発つ。五三歳のときであった。奥医師と西洋医学所頭取とを兼務した。歩兵屯所付医師選出の指示により、漫画家手塚治虫の曽祖父手塚＊良仙《りょうせん》ら七名を推薦した。一二月二六日法眼に叙せられる。翌文久三年、江戸城西の丸火災の際、和宮の避難に同行して炎天下に長時間いたことが災いし、同年六月一〇日、江戸の医学所頭取役宅で突然喀血、窒息により五四歳で急逝した。駒込高林寺に埋葬され、遺髪は大坂天満の竜海寺に納められた。家業は子の平三（惟準《これよし》）が継ぎ、明治四二年（一九〇九）六月八日従四位が贈位された。

＊手塚良仙：幕末から明治初めの医師、蘭学者。手塚治虫の作品『陽だまりの樹』は蘭法医良仙を取り巻く時代を描いている。

適塾の建物は現存し、国の史跡および重要文化財に指定されている。現存する唯一の蘭学塾遺構で、周囲は史跡公園として整備されている。なお、洪庵が江戸にいて不在の時期も、義弟、子息、門下生らが適塾を守り、分塾するほど発展した。しかし維新の後、新政府の教育制度整備で発展解消し、大阪医学校、府立医科大学、大阪大学医学部へと発展し、現在に至っている。

幕末維新では尊王攘夷を掲げて、
倒幕運動を先導したとされる長州藩。
松下村塾からは多くの志士が生まれ、
激動の時代を駆け抜けた。
だが徳川幕府と長州藩の関係については
これまで大きな誤解が生じてきた。
ここに、長州藩の幕末維新史を
重要人物を中心に解明する。

萩城跡　写真提供：山口県

第5章

幕末維新と長州藩の群像

道迫　真吾
萩博物館主任学芸員

第1節

誤解の中にあった長州藩の幕末維新史

長州藩（萩藩）が明治維新で中心的な役割を果たしたことは、研究者であれ市民であれ、誰しもが認めるところであろう。しかしながら、近年、歴史学界では長州藩に対する評価が大幅に書き換えられているものの、その成果が一般にはほとんど伝わっていないという実に厄介な問題がある。

一般的に、長州藩は慶長五年（一六〇〇）の関ヶ原の戦いに敗れて以来、復讐に燃え、西南雄藩の一つとして倒幕（討幕）の中心を担ったと理解されがちである。だが、長州藩が明治維新で果たした意義や役割とは、それほど単純なものだったのであろうか。

確かに長州藩は関ヶ原の後、中国地域八か国一一二万石から周防、長門二か国へと領地を大幅に削減されたため、藩政初期は相当苦しかったはずである。このことが原因で長州藩には徳川幕府に対する怨恨が幕末に至るまで存在したと考える風潮が根強く見られるのだ。しかしこうした見方は、江戸時代が二六〇年以上も続いたということを無視しており、あまりにも短絡的ではないか。むしろ長州藩は幕府に忠誠を誓うことと引き換えに、周防、長門二か国、すなわち防長二州（防長両国）の統治を任されていたのである。

そこで、幕府と藩の関係を端的に表す「軍役《ぐんやく》」という近世史の専門用語を、大方の誤解を解くためのキーワードとして使用したい。軍役とは、本来的には御恩に対する奉公、すなわち武士が主君に対して負った軍事上の義務を意味する。しかし、大坂夏の陣以降戦乱が途絶えると、平時における軍役は参勤交代や江戸城の補修や河川の改修などの御手伝普請という形で具現化されるようになった。長州藩もこの変化の中で生き残りを選択した。要は、長州藩が幕藩制国家の一員であったということを見逃してはならないのである。

こうした観点から長州藩を見直せば、より豊かな歴史像を結ぶことができるはずである。結論を先にいえば、江戸時代初めから倒幕を目論んでいたとみられがちな長州藩は、実は幕府に対して絶対服従の立場にあったということだ。しかし、ペリー来航後の混乱のなかで、幕府に対して批判的な動きが芽生え、ついに、武力で幕府を倒すに至ったのである。本稿では、歴史のターニングポイントに注目しながら、長州藩の幕末維新中を人物中心に語っていきたい。主に取り上げる人物は、吉田松陰、長井雅楽《うた》、周布政之助《すふまさのすけ》の三人である。

なお長州藩は萩藩とも呼ばれるが、ここでは便宜上、呼称を長州藩に統一する。

第2節

吉田松陰［一八三〇～一八五九］

ペリー来航と松陰

意外に思われるかもしれないが、吉田松陰は、はじめは幕府に対する思いを人一倍強く持っていた。それは、幕府が本来果たすべき役割に対しての期待ともいいかえることができる。しかし、その期待が裏切られたとき、松陰は一気に不満を爆発させ、幕府、ひいては幕藩制そのものを否定するに至るのである。

嘉永六年（一八五三）六月、アメリカの東インド艦隊司令長官ペリーが来日し、開国を要求した。このとき、幕府は、黒船艦隊の圧倒的な軍事力を前に、避戦論すなわち戦争を避ける方策をとった。その結果、幕府は安政元年（一八五四）にアメリカほかの欧米列強と和親条約を締結し、開国への道を歩みだすことになった。

幕府は、黒船艦隊に対していとも簡単に江戸湾内海への侵入を許したという反省から、江戸湾の海防体制を強化するため、嘉永六年一一月、長州藩に相模国（神奈川県）の警備、すなわち相州《そうしゅう》警衛を命じた。ここは、江戸湾への入り口であり第一関門に当たっているため、いざというときには外国軍艦との交戦の可能性も秘められた場所であった。

黒船サスケハナ　写真提供：船の科学館

吉田松陰
写真提供：山口県文書館

長州藩は相州警衛では三浦半島南西海岸一帯の防備を受け持った。その範囲たるや相模国三浦郡西浦賀（神奈川県横須賀市）から同国鎌倉郡腰越八王子山（同県鎌倉市）に至る、実に広大なものであった。益田右衛門介（親施）を備場総奉行とし、三浦郡上宮田（同県三浦市）のほか、原、三崎の三か所に陣屋を設置した。また、この一帯には六か所の砲台と二か所の望台も設け、合計約九〇〇人もの人員を駐留させた。長州藩は安政五年六月、兵庫警衛を命じられるまで相州警衛を続けている。

こうした状況で、松陰は嘉永六年一二月七日、実父杉百合之助に手紙を送り、相州警衛についての自説を主張している。それを要約すると、「（相州警衛は）この上ないご名誉、ご大任で、士気を奮い立たせる好機です。熊本藩、柳河《やながわ》藩、岡山藩にも志士はいます。長州藩がこれらと連携して、四藩の力で腰抜けの幕府を支えるようにすることが私の務めです。ところが、わが藩内には、東西百里もの海岸があるのに、それに加えてなぜ相州警衛なのかと幕府を非難する人もいるようです。こうした連中は、日本を外国から守ろうという考えを全く持たない者です」となる（原文は『吉田松陰全集』所収）。

松陰は、アメリカから武力を背景に開国を迫られ、戦を避けようとする幕府を「腰抜け」呼ばわりしている（厳密には「腰脱」と記す）。しかし重要なのは、長州藩と同様に江戸湾の防備を命じられた熊本、柳河、岡山の三藩と連携して、幕府を支えることが自分の役目だと述べている点である。つまり、ペリー来航直後の松陰は、幕藩制を維持することを自分の使命としていたのであり、幕府の存在を否定する考えは微塵もなかったのである。

また、松陰が相州警衛を名誉、大任と意識していた点も重要だ。長州藩が幕府から江戸湾の防備を任されるということは、まさに軍役の一環であるが、松陰はそれを長州藩の好機と捉えたのだ。ところが長州藩内には、相州警衛を課してきた幕府に対して不満を述べる人もおり、松陰はそれらの連中を真っ向から批判していることにも注意しておきたい。

松陰は、嘉永四年（一八五一）から翌年にかけての東北遊歴で脱藩罪を犯したため、ペリー来航の時点では藩士の身分を失っていた。にもかかわらず、長州藩の一員として幕府を支えることに全力を傾けようとしていた。ただし、松陰がたったひとりで幕府を支援しようとしていたわけではない。彼はすでに志を共有する仲間を全国各地に有していた。松陰は、同志のネットワークの力を利用して、日本の危機を救おうと模索していたのである。

松陰の尊王攘夷と幕政批判

ペリー来航後、幕府はもとより長州藩ほか諸藩は軍事改革に取り組んだ。幕府は欧米列強に対抗しうる軍事力の強化のため、諸藩に対して大砲と軍艦の洋式化を奨励したのだ。

しかし、安政五年（一八五八）六月、幕府が朝廷から承認を得ずに日米修好通商条約に調印したことで情勢が一変した。これを無勅許調印、または違勅調印と呼ぶ。さらにこの当時は将軍継嗣問題も生じたことが状況を複雑にさせた。譜代藩筆頭の彦根藩主井伊直弼らは徳川家茂《いえもち》を推し（南紀派）、親藩の越前福井藩主松平慶永《よしなが》（春嶽《しゅんがく》）、御三家の前水戸藩主徳川斉昭《なりあき》、外様藩の薩摩藩主島津斉彬《なりあきら》らは一橋慶喜を推していた（一橋派）。この状況で、同年四月井伊が大老に就任し、五月には家茂を将軍の世子《せいし》に内定させている。

そして六月一九日、幕府は日米修好通商条約に無勅許で調印し、二五日、家茂の将軍世子決定を正式に発表したのである。条約無勅許調印に反発した一橋派の大名は、この間の六月二三、二四の両日、登城日でないにもかかわらず江戸城に登城し、井伊を難詰した。

天皇は、幕府が独断で条約に調印したことを受け、譲位の意向を表明する。朝廷ではこの事態を重く見て、同年八月一〇日、幕府に対し、諸藩と衆議を尽くすべしと抗議する勅《ちょく》諚《じょう》を下した。その一方、八月八日には水戸藩にも内密に抗議の勅諚が下された。水戸藩に下ったものを「戊午《ぼご》の密勅」と呼ぶが、朝廷が幕府を飛び越えて藩に勅諚を下すということは極めて異例であった。立場を失った幕府は水戸藩に密勅の返納を命じたが、水戸藩内ではそれをめぐって激しい政争に発展した。また、密勅の内容は薩摩、土佐、越前など雄藩にも伝わった。ともかくも、天皇は幕府への不信感を露わにしていたのである。

このように幕府は条約調印問題という外患と、将軍継嗣問題という内憂との二重の危機に直面したことにより、幕藩制国家の秩序が崩壊していくこととなるのである。

長州藩も安政五年（一八五八）八月、摂家の鷹司《たかつかさ》家を経由して「戊午の密勅」を受けているが、これは水戸藩に下ったものとは別内容である。その要点は、国内に騒動の兆しがあり、外国がその隙をうかがっているので、摂津《せっつ》（兵庫県）に人員を配置すること、急変があればすぐに内裏を警固する天下の忠臣を求めること、であった。こうした要求は、長州藩の任務が相州警衛から兵庫警衛へと転じていたことと決して無関係ではないと思われる。

松陰はこのとき勅諚に敏感に反応し、同年八月二〇日、当役（江戸家老）の益田右衛門介に対して意見書を提出している。この中で松陰は「幕府や水戸藩に勅諚が下ったと聞きましたが、これに長州藩が後れをとってはなりません。すみやかに京都に人員を派遣し、

吉田松陰慰霊祭の写真　写真提供：山口県文書館

朝廷の真意をお確かめになった上で、幕府に対してもただ朝廷のご意向を尊重する旨申し上げるべきです」と主張している（原文は『吉田松陰全集』所収）。

　松陰の建白は、長州藩が幕府を飛び越えて朝廷と直接結びつこうとするもので、大名は将軍の臣であるという根本概念を無視するものであった。これに対しては、長州藩の指導者たちは冷静であった。長州藩は同年九月、周布政之助を密かに京都に上らせ、鷹司輔熙《すけひろ》らに会見させる。周布はそのとき、攘夷は古い考えとして開国論を説き、藩主の出京も拒否した。つまり松陰の主張は、幕藩制国家の枠組みの中では危険極まりないものであり、藩政府の誰からも支持されることはなかったのである。

その後、松陰は幕府の政治、特に対外政策に対する激烈な批判を繰り返すようになる。その根源は、幕府が戦いもせずに列強の強要に従ったことにあった。松陰は同年冬、「自問数条草稿」という一文をしたため、将軍が死を恐れて条約に無勅許で調印したことに引きずられ、諸大名も死を恐れて幕府に媚びへつらっている様子を非難している。松陰は、幕府が天皇の意思である攘夷を実現できないことに対して憤っていたのだ。

この時期、松陰の主張する尊王攘夷の真の目的は、単純に外国を打ち払えというものではなく、幕政を批判することにあった。むろん、松陰も将来的な外国との通交、すなわち開国を視野に入れてはいたが、幕府が進めている国の開き方に納得できなかったのである。そしてついに松陰は、もはや幕府も藩も頼むに足らず、自分を含む在野の有志すなわち草《そう》莽《もう》が立ち上がる以外、国難は救えないとの考えを抱くに至った。これが草莽崛《くっ》起《き》論と呼ばれるものである。

大老井伊直弼は、水戸藩士をはじめ幕政批判を行う者たちを徹底的に弾圧した。これが「安政の大獄」と呼ばれるもので、井伊の目的は、旧来の将軍権威による幕府専制政治を強化することにあった。松陰は安政六年（一八五九）一〇月二七日に処刑されている。

第3節

長井雅楽［一八一九〜一八六三］

長井雅楽
画像提供：萩博物館

長井の公武周旋活動

長井雅楽《うた》は「知弁第一」と謳われた実力者で、航海遠略策で有名である。航海遠略策とは、対外方針を開国、内政を公武合体と定めるものである。長州藩はこれを藩の意見すなわち藩是として認め、長井に公武周旋を託した。その目的は、ペリー来航後の対外方針をめぐってもつれた朝廷（公）と幕府（武）との関係修復を図ることにあった。長州藩の公武周旋は、徳川幕府およそ二六〇年間の伝統を破り、外様藩が幕政に関与する端緒を開いたという点で、画期的な出来事であった。ただし長井の考えはあくまでも幕藩制という伝統的な価値観の維持および強化を目指すものであった。しかし、その結果は長井の思惑を大きく逸脱し、最後は彼を切腹へと追いやることになったのである。

万延元年（一八六〇）三月、安政の大獄を指揮した大老井伊直弼が水戸藩と薩摩藩の浪士によって暗殺された。桜田門外の変である。大老が暗殺されたことにより、幕府の権威は大きく傷つけられ、幕政を引き継いだ老中の久世広周《ひろちか》と安藤信正は、朝廷と幕府との合体、すなわち公武合体によって幕府権威の回復を目指すことになった。

長州藩は、「戊午の密勅」を受けた段階では、井伊の勢力が盛んであったこともあり慎重な態度をとっていた。しかし、幕府が公武合体の方針に変わったことを受け、文久元年（一八六一）三月、藩主毛利敬親《たかちか》は正式に公武周旋の意を決し、その方策について藩士に意見を求めている。そこで長井は航海遠略策を草して藩主に建白し、三月二八日、藩是として認められたのである。長い建白書であるが概略は次のようである。

幕府が無勅許で調印したとはいえ、外国と結んだ条約を破ることは今さらできない。むしろ世界の大勢からして開国すべきである。その際、ただ外国が来るのを待つのではなく、こちらから積極的に国外に進出して通商を行わねばならない。朝廷と幕府の間に生じた誤解を解き、朝廷のもと国論を開国と定め、幕府から諸藩に号令させることが肝要である、というものだ。つまり長井の建策は、朝廷と幕府の考えを開国で一致させ、積極的に通商を行って国力を富ませ、その力をもって外国を圧倒しようと企図する壮大な構想だったのである。

長井は三月三〇日に出張を命じられ、四月二九日に萩を発つ。五月一二日には京都に到着し、一五日、毛利氏に対して好意的であった正親町三条《おおぎまちさんじょう》実愛《さねなる》に面会して賛同を得る。

そのとき正親町三条は、孝明天皇に建白の内容を完全に伝えるには口頭では難しいからと、長井に書面の提出を求めた。そこで長井は、藩としての正式の建言ではなく、あくまでも個人の心覚え程度の書付けとして、五月二三日に建白書を提出している。正親町三条はそれを天皇に奏上し、六月二日に長井に対して天皇の期待の様子を伝えた。

この成功に力を得た長井はすぐに江戸へ向かい、七月二日には老中の久世に、八月二日には安藤にそれぞれ趣旨を説明すると、両老中は大いに喜び、長井に朝廷への周旋を依頼した。

長州藩の第 13 代藩主毛利敬親
画像提供：山口県立山口博物館

長井は八月一九日に京都に戻って正親町三条に報告し、二八日に萩へ帰り、翌日藩主敬親に復命した。九月一六日、敬親が参勤の途につくと長井も随行したが、敬親は途中で病気になったため都濃郡花岡（山口県下松市）にて静養することになった。このため、一〇月一日、長井は先発を命じられ、二四日に江戸に着く。藩主敬親の江戸到着後、一二月八日に長井は初めて幕府への建議書を提出する。三〇日、幕府から藩主に周旋を頼むという将軍の命が伝えられた。翌文久二年一月、長井は再度上京の命を受けるも引きとめられ、二月二四日、久世広周から特に柳ノ間に召され、重ねて周旋の趣旨を説明した。

この後、長井は三月八日に江戸を発って京都に上り、一九日には江戸での周旋の経過を正親町三条に報告する。二一日、正親町三条から天皇が深く感心していた様子を伝えられ、このときに前年五月に提出した書付けを取り下げ、正式な形を整えたものを提出した。

このように長井は東奔西走し、攘夷論の総本山たる朝廷に開国論の航海遠略策を説き、好意的に受け入れられた。長井の建策は、開国政策を進める幕府にも絶賛されたのである。

長井への批判と挫折

文久元年（一八六一）における長井の公武周旋活動は極めて順調であった。ところが翌文久二年一月、坂下門外の変が起こり情勢が変わる。老中安藤信正は水戸浪士ら尊攘派に襲撃されて負傷し、辞職したのである。安藤ら幕閣は、和宮降嫁により公武合体を推進するのと引き換えに、朝廷に対して一〇年以内に破約攘夷を行うと約束していた。それを実行に移さないことに業を煮やした尊攘派が、実力行使により幕府に圧力をかけたものであった。

さらに、長井にとって不都合なことに、彼が正親町三条に提出した正式な建議書が朝廷で回覧され、外部にも洩れ伝わった。すると、薩摩藩の西郷隆盛をはじめ、他藩の尊攘派は、航海遠略策が開国論であるため、幕府に媚びへつらい、そのお先棒を担ぐものであると長井を非難するようになった。それは「幕府の犬」とまで罵るほどであったという。

また長州藩内でも、吉田松陰に学んだ久坂玄瑞ら尊攘派が長井を弾劾した。同年四月、久坂は、幕府の開国方針を支持した長井の考えを、幕府に媚びへつらい朝廷を軽んじるものと批判した。のちに久坂らは長井の暗殺をも計画したが、その背景には師の松陰を幕府に引き渡して死に追いやった張本人が長井であるということも影響していた。

このような混乱のなか、長井は周旋を途中で打ち切り、同年四月一四日に京都を発つ。五月一三日に江戸に着くや、一六日には待罪書を提出し、謹慎して命を待った。六月一八日に江戸を出発して萩へ帰ると、七月二二日に親類預けを命じられた。そうして文久三年二月六日、長井は藩主から賜った雅楽の名を右近と改め、自宅で検視役の国司信濃以下一九名が見守るなか壮絶な切腹を遂げたのであった。

第4節

周布政之助［一八二三～一八六四］

周布《すふ》の藩是転換

周布政之助《まさのすけ》は元来、幕藩制の秩序を壊しかねない吉田松陰の言動を制止する側に回っていた。長井雅楽が航海遠略策を建白した折には、それを藩是と定めるために尽力し、長井の公武周旋活動を援護している。ところが、長州藩が航海遠略策に失敗すると、周布は敢然と松陰が叫んだ尊王攘夷路線に急転換していったのである。

周布政之助
画像提供：山口県立山口博物館

長州藩は遡る文久元年（一八六一）三月二八日の重臣会議で長井雅楽の航海遠略策を藩是と定めたが、それをまとめたのは周布政之助であった。ただし周布は、長井の論をすべて容認していたわけではない。周布が執筆した会議の決議書には、外国から強いて無理難題を持ちかけて来るならば、一戦を交えた（攘夷）後に永世安全の策（開国）を謀るという態度と、航海遠略の国是はまず朝廷において決定し、幕府が叡慮を遵奉してそれを列藩に号令すべきだという尊王開国の態度との、二つの点が付け加えられていたのである。

　長井は当然この決議書に基づいて朝廷や幕府に説明する必要があった。しかし、航海遠略策は尊王であるとはいえ開国論であったため、長州藩内外から攘夷論の朝廷を軽んじるものと非難された。その責任の一半は開国論に同調した周布にもあったのである。さらに、航海遠略策に好意的であった朝廷からも難詰されたことは痛手であった。文久二年五月、伝奏の中山忠能《ただやす》は、長州藩世子毛利元徳宛ての勅答を浦靫負《ゆきえ》に与えた。それは、長井の建言に朝廷を誹謗する文言があると指摘したものであった。つまり、中山は、かつて天皇の権威が盛んであったころに外国から使節が貢ぎ物を持って来た状況と、外国の脅迫によって諸港を開かされた状況とを、同一視するのは怪しからんというのである。これを謗詞一件という。攘夷論者の集まりである朝廷に開国論を説くこと自体に、そもそも無理があったのだ。

　これに加えて、長井雅楽の公武周旋活動は長州藩以外の外様藩、とりわけ薩摩藩を刺激した。文久二年四月、薩摩藩の島津久光は一〇〇〇人もの兵を率いて上京する。同年六月、久光は勅使大原重徳を伴って江戸に到着し、幕政改革を迫った。つまり薩摩藩は中央での主導権を長州藩から奪いとったのである。これ以降、長州藩と薩摩藩との間で国政をめぐっての主導権争いが続くことになる。

木戸孝允
画像提供：山口県立山口博物館

こうして航海遠略策は破綻し、周布政之助は、長州藩を再び中央での主役に戻すべく、ついにその反対の立場に回ったのである。周布は、木戸孝允（桂小五郎）らと図り、同年七月六日、京都藩邸で開かれた御前会議で、藩是を「破約攘夷」（「即今攘夷」ともいう）へと転換させた。つまり長州藩は尊王攘夷運動、すなわち幕政批判の急先鋒となったのである。

このとき、周布は、欧米列強からの圧力によって幕府が結ばされた条約は一旦破棄して攘夷を画策し、朝廷を安心させれば、真の開国に至ると考えていた。つまり、周布は、開国すべき状況を理解しつつも朝廷の意思を尊重し、欧米列強とあえて一戦交えるというのである。

文久二年（一八六二）九月二一日、朝廷は攘夷の方針を決定する。長州藩は一〇月、朝廷から攘夷の沙汰書を受けた。このような状況で一一月二日、幕府はついに攘夷の勅旨奉承を決定した。

周布を指導者とする長州藩が尊王攘夷を藩是に掲げたということは、吉田松陰の幕政批判の路線継承を意味している。これに伴い、松陰の復権が具体的に進められていった。まず、同年一一月二八日、勅命により幕府が大赦令を発した。この大赦令は安政の大獄で処刑および処罰された人々を対象とするもので、松陰の罪もこのとき許された。これを受けて、翌文久三年一月五日、小塚原の回向院《えこういん》（東京都荒川区）にあった松陰の墓が、高杉晋作や伊藤博文らによって若林村（世田谷区）に改葬された。さらに長州藩は四月、松陰の遺著を明倫館の生徒に読ませるため、彼の実兄杉梅太郎（民治）にそれらの収集と提出を命じ、吉田家の再興も許した。

行き詰まる周布の反幕府政策

文久三年四月、将軍家茂が孝明天皇に対し、五月一〇日を期限として攘夷を実行に移すと約束した。この背景には、久坂玄瑞ら長州藩の尊攘派による画策があった。大義名分を得た久坂らは京都から帰国し、五月一〇日、攘夷実行の期限どおりに下関海峡を通航する欧米の艦船を砲撃した。これを攘夷戦と呼ぶ。しかし、長州藩はすぐに欧米の艦船から報復攻撃を受けて完敗し、長州藩は従来の武力では歯が立たないことを認識する。六月七日、高杉晋作が中心となり、志のある者であれば誰でも入れる新しい軍隊、奇兵隊が生まれた。

周布は攘夷戦の一方で、五月一二日、伊藤博文、井上馨《かおる》、山尾庸三《ようぞう》、井上勝、遠藤謹助

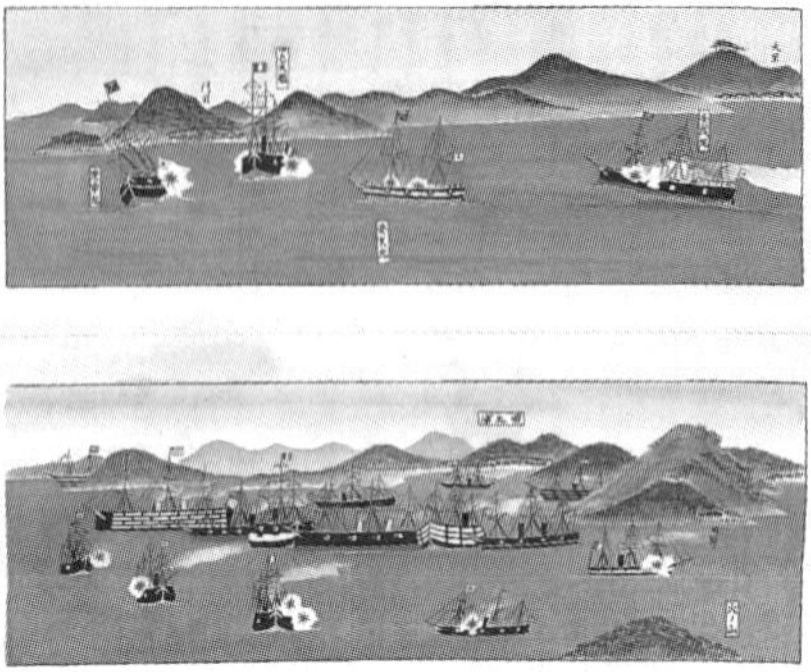

下関海峡で欧米の艦船を襲撃した馬関戦争の図絵
画像提供：山口県立山口博物館

の五人を横浜からイギリスへ密航留学させた。その根底には、攘夷実行ののちに開国するという考えがあったからである。

長州藩の尊攘派は、京都で三条実美《さねとみ》らの公卿と提携し、土佐藩の脱藩浪士らも吸収して勢力を増強した。ところが尊攘派は、同年八月一八日の政変により京都から追放される。これは、公武合体派の薩摩、会津両藩が、天皇の承認を得て実行に移したものである。幕府を信頼する天皇は、尊攘派の横暴に対する憤懣《ふんまん》を爆発させたのであった。

その後、尊攘派も巻き返しを図るが、元治元年（一八六四）六月五日、京都で池田屋事件が起こり、吉田稔麿《としまろ》らが落命する。この報を受けた尊攘派は、福原越後、国司信濃、益田右衛門介の三家老および世子毛利元徳を押し立てて入京する。約二〇〇〇人の長州軍は七月一九日、御所西側で会津、薩摩両藩を中心とする約七万人の幕府軍と激しく戦い敗れる。この禁門の変（蛤御門の変）で、久坂玄瑞は鷹司邸にて自刃した。長州藩は御所に向けて発砲したため朝敵となり、天皇は長州征討を幕府に命じることとなった。

さらに八月五日、英仏蘭米の四か国連合艦隊が下関沿岸を砲撃。これは前年の長州藩からの砲撃に対する報復措置で、長州藩は完敗して国内外とも四面楚歌の窮地に追い込まれた。

周布は同年九月二六日、藩を国難に陥れた責任をとり自刃した。周布をはじめ、長州藩の何人もの人々が落命したのは、尊王攘夷を藩是に掲げて反幕府政策を進めたことに対する大きな代償であった。長州藩は、朝廷のために尊王攘夷の旗を掲げたとはいえ、幕藩制という伝統的な秩序を否定するものであったために、天皇その人から拒絶されたのである。

幕藩体制の崩壊へ

攘夷論の朝廷と開国論の幕府の狭間で、長州藩がどのように動くべきか、吉田松陰、長井雅楽、周布政之助は、二者三様に思考をめぐらし実践に移した。松陰は朝廷を重んじ尊王攘夷を掲げたが、個人レベルでの幕政批判にとどまった。長井は航海遠略策を掲げ公武合体を推進し、長州藩が組織的に中央政界に進出する契機を作った。周布は、長井の策の失敗を受け、長州藩が再び中央の主導権を握るべく、藩是を松陰の尊攘、反幕府路線へと大転換したが、結局それもうまくいかなかった。以上の長州藩の動きは、幕藩制という既存システムを崩しかねないものであったために、反対勢力によって封じ込められたのである。

周布の没後、第一次長州征討という危機に直面した長州藩では、椋梨《むくなし》藤太が藩政を指揮し、幕府に徹底的に謝罪恭順するという方針をとった。つまり、長州藩は幕藩制という伝統の前に屈したのである。ところが、この恭順の方針に周布と親交のあった高杉晋作が反発する。高杉は元治《げんじ》元年（一八六四）一二月、下関で挙兵し、翌慶応元年（一八六五）一月、奇兵隊ほか諸隊を率いて椋梨が送り出した追討軍と激突した。この内戦は、「大田・絵堂の戦い」、あるいは「元治の内訌《ないこう》」とも呼ばれる。これに勝利した高杉は、武備恭順という藩是を確立するが、これは、謝罪の態度を示しつつ、幕府が攻め込んできた場合は徹底抗戦するという考えであった。四月には木戸孝允が長州藩の中枢を担い、開戦を視野に入れて準備を進める。

木戸は慶応二年一月、薩摩藩と盟約を結んだ。これは、薩長盟約とも薩長同盟とも呼ばれているものだ。盟約の主眼は、朝敵となっていた長州藩の名誉回復にあった。そして、この盟約は同年六月の幕長戦争（第二次長州征討、四境戦争）の際、幕府の出兵命令に対して薩摩藩が拒否することにもつながり、長州藩が幕府征長軍を圧倒する一因となった。薩摩藩は幕府と雄藩の連合による協調体制を目論んでいたが、幕府が旧来の専制体制にこだわり続けたため、ようやく幕府を見限り、長州藩と手を結んだのである。

　このように慶応期に入ると、幕藩制の根幹をなしていた軍役は求心力を失い、弱体化の著しい幕府のもとではもはや機能しなくなっていた。長州藩はこの状況を慎重に見定め、薩摩藩と共に藩の方針として武力倒幕（討幕）の決意を固める。それは、慶応三年五月、将軍徳川慶喜と松平慶永（越前）、島津久光（薩摩）、山内豊信（土佐）、伊達宗城（宇和島）の四侯とが京都に集まり、兵庫開港と長州処分の二つの問題について会議を開き、決裂に終わって以降のことであった。

【中国地域の主な藩の歴史概説】

中国地域の藩誕生と盛衰

光成　準治
県立広島大学非常勤講師

Ⅰ　「藩」誕生前の中国地域

1　織田期

因幡国

天正九年（一五八一）一〇月の鳥取城攻略後、因幡国においては羽柴秀吉による一円的支配が行われた。秀吉が同年一一月、鳥取城代宮部《みやべ》継潤《けいじゅん》に発給した掟によると、若桜鬼ヶ城主とした木下重堅《しげかた》に八東《はっとう》郡、重堅の与力とされた磯部康氏（豊直）と八木《やぎ》豊信《とよのぶ》に智頭郡を、垣屋光成に巨濃《この》郡（桐山城）、亀井茲矩《これのり》に鹿野郡（鹿野城）が与えられ、多賀備中守を高草郡吉岡に置いている。また、山名氏政（旧但馬守護）や山名豊国（旧因幡守護）に対する知行宛行《あてがい》は継潤に委ねられるなど、近江国長浜城あるいは播磨国姫路城を居城とした秀吉に代わって、継潤による領域支配が遂行された。

宮部継潤は近江国湯次神社の供衆で、当初は浅井氏に従っていたが、元亀三年（一五七二）、木下になった藤吉郎（秀吉）の調略によって織田氏に従い、浅井氏滅亡後、長浜城主となった秀吉の家臣になった。木下重堅は、摂津国荒木村重の家臣で荒木姓を名乗っていたが、天正六年に村重が織田氏から離反した際、守備していた三田城を包囲した秀吉に降伏して、秀吉の家臣になったものと考えられる。磯部康氏、八木豊信、垣屋光成は、但馬国を本拠としていた国人領主で、但馬山名氏の家臣であったが、秀吉の但馬侵攻時に秀吉の家臣になった。亀井茲矩は出雲国湯之庄を本拠とする国人領主湯氏の出身で、尼子氏重臣亀井秀綱の娘と婚姻して亀井姓を名乗ったとされる。尼子氏没落後、相婿とされる山中幸盛と共に尼子氏再興活動を行ったが、幸盛らが籠城した上月城の落城（天正六年）後、秀吉の家臣になった。多賀備中守は近江国犬上郡を本拠とした国人領主多賀氏の一族で、秀吉が長浜城主となった際に秀吉の家臣になったものと推測される。

伯耆国

河村郡羽衣石を本拠とする南条氏は毛利氏と同盟関係にあったが、天正七年九月ごろ、元続《もとつぐ》が毛利氏から離反して織田方となった。しかし、元続が信長から所領安堵の朱印状を受給したことは確認できない。したがって、南条氏は織田権力に従属したものの、自立した地域権力であったといえよう。

備前国、美作国

天正元年、備前国天神山城を本拠とする浦上宗景に対して、織田信長は備前、播磨、美作の統治を認めた朱印状を発給しており、宗景による備前、播磨、美作国支配（実際には一部のみを実効支配）は「藩」の嚆矢《こうし》と評価できる。しかし、宗景は毛利氏と結んだ宇喜多直家によって、天正三年九月、天神山城を攻略され、播磨国へ逃走した。

天正七年になると、毛利氏と同盟関係にあった宇喜多直家が毛利氏から離反して、織田方となった。『信長公記』によると、秀吉は直家に対する所領安堵の朱印状発給を信長に願ったが、独断外交を責められたとされる。すなわち、直家が信長から朱印状を受給しうる存在であったことがうかがわれ、直家による備前、美作国支配は「藩」の嚆矢と評価できる。

2 豊臣期

因幡国

本能寺の変後も秀吉に従った宮部、木下、垣屋、亀井は所領を安堵された。

◆宮部領

居城は鳥取城。石高は天正一七年（一五八九）の秀吉朱印状によると、因幡国（邑美《おうみ》、法美《ほうみ》、八上、高草郡）において四万三〇〇〇石余に加え、但馬国（二方郡）において七〇〇〇石余の計五万石余である。宮部継潤は因幡国内の他大名を統括する役割を担っていたほか、文禄三年（一五九四）ごろから慶長二年（一五九七）にかけて、いわゆる豊臣政権の五奉行と呼ばれる前田玄以《げんい》、石田三成、増田長盛、長束正家らと連署した書状を発給しており、豊臣政権の中枢にあった。一方で、天正一八年一一月には子（あるいは養子）の長熙《ながひろ》に対して家督を譲っている。しかし、因幡、但馬の所領譲渡は慶長元年一二月であり、宮部家の家督譲渡と大名としての当主の交替には時間差があった。豊臣政権奉行人として大坂や京の伏見を主たる居所としていた継潤は、徐々に長熙に対して領国支配に関する権限を委譲していったものと考えられる。

継潤は慶長四年三月に没した。翌年、長熙は徳川家康の主導する上杉氏征討に従い、石田三成らの挙兵により反転して、関ヶ原における戦闘や三成の居城佐和山城攻略に参加した。その後、西軍に与《くみ》して因幡国に帰国していた木下重堅、垣屋恒総《つねふさ》捕縛に向かったところ、家康への異心ありとされた。このため、鳥取城は攻撃を受けて亀井茲矩《これのり》に占領され、宮部氏は改易された。

◆木下領

居城は若桜鬼ヶ城。石高二万石。織田期に与力とされていた八木豊信、磯部康氏のうち、豊信については、日向国佐土原城主島津家久（義久、義弘の弟）に仕えたことを示す史料が確認される。また、康氏は景石城に在番したとされるが、独立大名として処遇されておらず、形式的には木下氏家臣になったものと考えられる。重堅は宮部長熙と共に上杉氏征討に従っていたが、西上途中に離反して因幡へ帰国したため、関ヶ原の戦い後に改易された。

◆垣屋領

居城は桐山城。石高一万石。文禄二年五月の秀吉朱印状によると、晋州城（朝鮮半島）攻撃には光成の子恒総が参加しており、これ以前に光成から恒総への家督相続が行われたものと考えられる。恒総も重堅と同様の経緯により、関ヶ原の戦い後に改易された。

◆亀井領

居城は鹿野城。石高一万三八〇〇石。明治期に編さんされた『道月余影』においては、関ヶ原の戦い前後の茲矩は一貫して家康に忠誠を尽くし、関ヶ原においては遊軍であったが、合戦後の近江水口城や鳥取城攻略において戦功を挙げたため、加増されたとしている。ところが、島津氏家臣『山田有栄覚書』には、西軍として戦場に臨んだ茲矩が、戦闘途中に東軍に寝返ったと記されている。『有栄覚書』は実際の体験に基づく記録であり、他家に関する記述の信憑性は高い。茲矩の鳥取城攻撃は当初西軍に属していたことを挽回するための行動だったものと考えられる。

伯耆国

◆南条領

本能寺の変後、羽柴秀吉は明智光秀との戦闘やその戦後処理に没頭したため、南条氏は孤立し、天正一〇年（一五八二）九月、城内からの内通者もあり、居城羽衣石城は落城した。その後の羽柴氏と毛利氏の講和交渉の結果、天正一三年に国境が画定し、伯耆国においては東半（久米郡、河村郡、八橋《やばせ》郡）を毛利氏が放棄した。これ以前に元続は伯耆へ帰国しており、国境画定をうけて、東伯耆三郡において四万石を与えられた。なお、豊臣期の東伯耆三郡において、宮部継潤発給の知行宛行判物《あてがいばんもつ》が確認されるため、三郡には豊臣政権直轄地があり、宮部氏が代官を務めていたことをうかがわせる。元続は天正一九年ごろに没し、嫡子元忠が家督相続したが、関ヶ原の戦いにおいて西軍に属したため、改易された。

備前国、美作国

◆宇喜多領

本能寺の変後も、宇喜多氏と毛利氏の軍事紛争は主に美作国を戦場として継続していたが、天正一三年の国境画定により、備前、美作二国および備中国のうち高梁川以東を宇喜多氏領とすることとなった（播磨国のうち赤穂郡などを含む）。石高は四七万四〇〇〇石とされる。直家は天正一〇年初頭に没していたため、豊臣期の当主は嫡子秀家である。居城は岡山城。

秀家は秀吉の養女豪姫（前田利家娘）と婚姻したため、豊臣氏の親族大名として厚遇され、五大老にも抜擢されたが、慶長四年（一五九九）に勃発した家中騒動で、戸川達安ら有力家臣が家中から退去した。関ヶ原の戦いにおいては西軍を主導するひとりであったため改易された。秀家は薩摩国へ潜伏していたが、慶長八年、島津氏の助命嘆願により死罪を免れ、八丈島へ配流されている。

なお、関ヶ原の戦い以前に宇喜多氏家中から退去して徳川家康に誼《よしみ》を通じた者は、合戦後に大名あるいは旗本として処遇された。浮田左京亮が石見国津和野藩主となったほか、備中国において、花房職之《もとゆき》（賀陽、都宇郡、八〇〇〇石余）、岡越前守（小田、後月《しつき》、川上郡、六〇〇〇石）、花房正成（小田、後月郡、五〇〇〇石）、楢村監物（小田、後月郡、一〇〇〇石）、戸川達安が所領を与えられている。このうち、花房職之の高松知行所*は明治維新に至るまで存続した。

また、戸川達安は賀陽、都宇郡のうち二万九〇〇〇石余を与えられて、庭瀬に陣屋を設けた（庭瀬藩）。戸川氏は延宝七年（一六七九）、四代安風が嗣子なく没したため断絶したが、分家である撫川知行所（安風の弟達富、五〇〇〇石）、早島知行所（二代正安の弟安尤《やすもと》、三四〇〇石）、帯江知行所（正安の弟安利、三三〇〇石）、妹尾《せのお》知行所（三代安宣《やすのぶ》の弟安成、一五〇〇石）、中庄知行所（早島三代安貞の弟安通《やすみち》、四〇〇〇石）は明治維新に至るまで存続した。

◆毛利領

天正一三年の国境画定により、安芸、周防、長門、石見、出雲、備後、隠岐および西伯耆三郡（汗《あせ》入《り》、会見《あいみ》、日野）、備中国高梁川以西（高梁川より東に位置する松山周辺も含む）を領有することとされた。天正一九年の秀吉朱印状による石高は一一二万石。このうち、伯耆三郡と東出雲、隠岐は吉川広家（毛利元就次男吉川元春の三男）領（石高一一万石）とされ、広家は出雲国富田《とだ》城を居城とした。また、慶長四年には、輝元実子秀就誕生以前に養子としていた秀元（毛利元就四男元清の子）に対する給地分配を行った。秀元領は、長門国と周防国吉敷郡および安芸、周防、備後の元清旧領（石高一七万七〇〇〇石余）とされ、居城は周防国高嶺城あるいは長山城に置かれた。なお、毛利領内には筑前名島城主となっ

＊知行所：幕府から旗本に与えられた領地のこと。

た小早川隆景（毛利元就三男）領（六万六〇〇〇石）も存在したが、慶長二年（一五九七）の隆景没後、その多くは輝元直轄領となり、隆景家臣団の大部分も毛利氏家中に編入された。

　輝元は天正一七年（一五八九）初頭から新たな居城（広島城）の普請を始め、天正一九年三月ごろに概成して、戦国期以来の居城吉田郡山城から移った。輝元は五大老のひとりとして、末期豊臣政権の中枢にあったが、関ヶ原の戦い後に減封された。

Ⅱ　江戸期の「藩」

因幡国
鳥取藩（池田氏）

池田家

　宮部長熙、垣屋恒総の改易後、宮部領のうち邑美《おうみ》、法美《ほうみ》、八上郡、垣見領の巨濃《この》郡に入封したのは池田長吉である。長吉は池田恒興の三男で、関ヶ原の戦いにおいては兄輝政と共に東軍に属して、近江水口城攻略などの戦功を立てたことから、石高六万石に加増移封され、鳥取城に入った。元和二年（一六一六）に輝政の長男である利隆が没すると、その子光政は家督相続時八歳と幼少であったことから、翌年、播磨国姫路（石高四二万石）から因幡、伯耆二国（石高三二万石）へ減封された。これに併せて、長吉の子長幸が備中国松山へ移封されたほか、因幡、伯耆の他大名（若桜の山崎氏、鹿野の亀井氏、米子の加藤氏、八橋の市橋氏、黒坂の関氏）も移封あるいは改易された。
　ところが、利隆の弟で岡山藩主となっていた忠雄が寛永九年（一六三二）に没すると、その嫡子光仲が幼少であるとの理由により、光政と光仲の国替えが命じられ、光仲が鳥取へ移封となった。光仲以降の鳥取藩においては、着座家家老に対する町政の委任（自分手政治）が行われ、因幡国内のうち、浦富が鵜殿家に委任されたほか、船岡の乾家も自分手政治に準ずる扱いであり、それぞれ陣屋（鵜殿家の陣屋は桐山城跡）を構えた。以降、一〇代慶行まで他姓養子はなかったが、一一代慶栄《よしたか》（加賀藩主前田斉泰の子）、一二代慶徳《よしのり》（水戸藩主徳川斉昭五男）と他姓養子が続き、明治維新に至った。

若桜藩（山崎氏）

木下重堅の改易後、八頭、智頭郡に入封したのは山崎家盛である。石高は三万石（但馬国内分を含む）。居城は若桜鬼ヶ城。山崎氏は近江国の六角氏の家臣であったが、のちに織田信長、豊臣秀吉の家臣となった。関ヶ原の戦い時には、西軍として丹後国田辺城攻撃に参加していたが、石田三成らの挙兵時に家康に対して上方の情勢を知らせていたこと、家盛の室が池田輝政の妹（長吉の姉）であったことなどから改易を免れ、若桜へ移封された。池田光政の入封時（元和三年）に、家盛の子家治が備中国成羽へ移封され、若桜城は廃城となった。成羽と池田長幸の移封された松山は隣接しており、家盛の若桜への入封も池田氏一族としての処遇であったことをうかがわせる。

鹿野藩（亀井氏）

亀井家

亀井茲矩《これのり》は関ヶ原の戦い後、旧領気多郡に加え、宮部領であった高草郡を与えられ、石高三万八〇〇〇となった。慶長一四年、茲矩の隠居により藩主となった嫡子政矩《まさのり》は、松平康重（徳川氏譜代家臣）の娘を室とした。同年、米子藩中村氏の断絶により、伯耆国久米、河村郡のうちで五〇〇〇石を加増されたが、池田光政の入封時（元和三年）に、石見国津和野へ移封された。光政期には重臣日置忠俊が鹿野城に配置されたが、光仲期になると重

臣は配置されなかったため鹿野城は廃城になったとされる。

伯耆国

米子藩（中村氏）

中村一氏は豊臣秀吉に仕え、天正一八年（一五九〇）には駿河国府中一四万石を与えられたが、慶長五年（一六〇〇）七月ごろに没した。その直後の関ヶ原の戦いにおいて、忠氏の子忠一は東軍に属したため、戦い後、中村氏は伯耆一国一七万五〇〇〇石に加増移封され、米子城を居城とした。米子城は、毛利氏領国下において西伯耆三郡を統治していた吉川広家が出雲国富田城に代わる居城として普請を行っていたが、完成前に移封となったため、中村氏によって完成された。また、忠一の叔父中村一栄は八橋城に配置され、その他の支城として打吹城（倉吉）などが置かれた。入封当初の藩政は、家督相続時一一歳であった忠一に代わって、重臣の横田村詮《むらあき》が担ったが、慶長八年、村詮は忠一によって誅殺された。忠一は室に松平康元（徳川家康異父弟）の娘を迎えるなど幕府からも重視されていたが、慶長一四年、嗣子なく没したため、中村氏は断絶した。

米子藩（加藤氏）、矢（八）橋藩（市橋氏）、黒坂藩（関氏）

中村氏断絶後の伯耆国には、米子城に加藤貞泰（会見《あいみ》郡、汗入《あせり》郡、石高六万石）、八橋城に市橋長勝（八橋郡、石高二万一〇〇〇石余）、黒坂城に関一政（日野郡、石高五万石）が入封したほか、河村、久米郡の一部は亀井領とされた。加藤、市橋、関氏はいずれも豊臣氏家臣であったが、関ヶ原の戦いの際、市橋は徳川家康の上杉氏征討に従い、加藤、関は岐阜城落城後に東軍に転じた。このため戦い後には、市橋が美濃国今尾二万石に加増、加藤が美濃国黒野四万石を安堵、関が美濃国多良から伊勢国亀山へ移封（石高は三万石安堵）されていた。三氏の入封はいずれも加増であったが、池田光政入封に伴い、加藤氏は伊予国大洲、市橋氏は越後国三条へ移封され、また、関氏は家中騒動により改易された。

なお、光政期鳥取藩の伯耆国においては、米子城に池田由之（池田輝政兄元助の子）、八橋に池田長明（池田恒興四男長政の子）、黒坂に池田長政（池田長吉の三男）、倉吉に伊木忠貞が配された。さらに、光仲以降には、米子城に荒尾但馬家、八橋陣屋に津田家、倉吉陣屋に荒尾志摩家、松崎陣屋に和田家が配され、自分手政治が行われたほか、黒坂陣屋の福田家もこれに準ずる扱いであった。

出雲国、隠岐国
松江藩（堀尾氏）

堀尾家

毛利氏移封後、出雲、隠岐二国は堀尾氏に与えられた。石高は二四万石。

豊臣秀吉の古くからの家臣であった堀尾吉晴は、天正一三年に近江国佐和山城主、天正一八年には遠江国浜松城主となっているが、いずれも秀吉の養子秀次の＊宿老《しゅくろう》的な位置付けであったとされる。文禄四年（一五九五）の秀次自刃後は秀吉直属大名となり、秀吉没後の慶長四年には越前国府中城の留守居に任じられた。徳川家康の上杉氏征討には子の忠氏が従った。一方、吉晴は関ヶ原の戦い直前の水野忠重殺害事件に巻き込まれ、負傷した。このため、関ヶ原には忠氏のみが東軍として参戦している（南宮山麓に配置）。このような事情から、堀尾氏入封時の藩主は忠氏だったものと考えられる。

入封当初、戦国大名尼子氏の本拠であった富田城を居城としたが、慶長八年、新たな居城（松江城）普請に乗り出した。ところが、慶長九年に忠氏が急死し、嫡子忠晴はわずか六歳であったため、祖父の

＊宿老：古参の臣や、家老よりも独立性の高い重臣のこと。

吉晴が国政を担うこととなり、吉晴の指揮の下松江城が築造された。吉晴は慶長一六年（一六一一）に没し、さらに、室に奥平家昌（母は徳川家康長女亀姫）の娘を迎えていた忠晴も、寛永一〇年（一六三三）、嗣子なく没したため、堀尾氏は断絶した。

松江藩（京極氏）

京極家

京極氏は室町期に出雲、隠岐の守護も務めた名族である。戦国期には衰退していたが、高次の妹龍子が豊臣秀吉の寵愛を得たことから、高次も秀吉に厚遇され、近江国大津城主となった。関ヶ原の戦い時には東軍に属して大津城において西軍に抵抗した（戦い前日に開城）。この戦功により、関ヶ原の戦い後、高次は若狭小浜藩主へ加増移封されたが、慶長一四年に没したため、嫡子忠高が小浜藩主となった。その後、忠高は堀尾氏断絶に伴い、寛永一一年、出雲、隠岐へ加増移封（石高二六万四〇〇〇石余）され、松江城に入った。

忠高の室は二代将軍徳川秀忠と江（高次の室初の妹）の娘初姫である。このため、忠高は幕府の信任厚く、石見銀山および石見二郡四万石も預けられた。斐伊川や伯太川の改修、鉄鉱業による殖産興業にも努めたが、寛永一四年、嗣子なく没した。甥の高知によって京極家の存続は認められたが、播磨国龍野六万石に減封のうえ移封された。

松江藩（松平氏）

松平家

京極氏移封後、徳川家康次男結城秀康の三男松平直政が信濃国松本七万石から加増され、石高一八万六〇〇〇石で入封した。また、これ以降、隠岐国は幕領となったが、松江藩が預かり地として統治を行う時期が長かった。直政は京極忠高が計画した松江城下町の改造を実行したほか、出雲大社の正殿式造営を行った。以降、九代斉斎《なりとき》まで他家養子による藩主はなかったが、一〇代藩主には、直政の長兄忠直を祖とする美作国津山藩主松平斉孝の子を迎え（定安）、明治維新に至った。

石見国

浜田藩（古田氏）

古田家

関ヶ原の戦い後の石見国のうち、邇摩《にま》、邑智《おおち》、安濃《あの》、那賀郡などは幕領（石見銀山領）となっていたが、元和五年（一六一九）、伊勢国松坂藩主古田重治が那賀、美濃、邑智郡のうち五万石余を与えられて入封した。重治は浜田の鴨山を城地として浜田城を築城したが、重治の子重恒が慶安元年（一六四八）、嗣子なく没したため、古田氏は断絶した。

浜田藩（松井松平氏）

古田氏に代わって浜田に入封したのは、播磨国山崎藩主松井松平家（徳川氏譜代家臣であったが、康映《やすてる》の祖父康親の代から松平姓を称した）松平康映である。石高は五万石余。松井松平家による浜田統治は、奏者番*であった五代康福《やすよし》が宝暦九年（一七五九）に寺社奉行兼務となったことから江戸に近い下総《しもふさ》国古河に移封されて一旦中断するが、明和六年（一七六九）に康福が再び浜田に入封した。なお、この間の浜田藩主は譜代大名本多氏（本多忠勝家）であり、忠敞《ただひさ》、忠盈《ただみつ》のち、忠粛《ただとし》が三河国岡崎へ移封された。

第二期松井松平期においては、初代康福が老中を務めた功により、天明五年（一七八五）に石見銀山領など一万石を加増され、石高は六万石余となった。また、三代康任《やすとう》も老中に任じられるなど幕府の中枢にあったが、但馬国出石藩の仙石騒動*への関与のほか、藩内の廻船問屋会津屋八右衛門の唐物密貿易

＊奏者番：江戸幕府においては、将軍のそばにあって諸事を取り次ぎ、また典礼をつかさどった。
＊仙石騒動：但馬国出石藩仙石氏のお家騒動。

事件の発覚により、天保七年（一八三六）、康任の子康爵《やすたか》が陸奥国棚倉へ移封された。

浜田藩（越智《おち》松平氏）

松井松平氏に代わって上野《こうずけ》国館林から浜田へ入封した松平斉厚《なりあつ》は、六代将軍徳川家宣の弟清武を祖とする。清武が当初、越智姓を称したため、越智松平と呼ばれる。石高は四万六〇〇〇石。慶応二年（一八六六）の第二次長州戦争の際、浜田城は陥落して藩領は長州藩に占領された。武聡《たけあきら》（水戸藩主徳川斉昭一〇男）は飛地のあった美作国鶴田（久米郡）へ移り、鶴田藩として明治維新に至った。

津和野藩（坂崎氏）

坂崎家

豊臣政権の五大老宇喜多秀家の従兄弟（宇喜多直家の弟忠家の子）浮田左京亮は、慶長四年（一五九九）に勃発した宇喜多騒動において秀家と激しく対立し、一旦家中に復帰したものの、翌年の関ヶ原の戦いに先立ち宇喜多氏家中から離脱して、東軍に属した。この戦功により、慶長六年に左京亮は鹿足、美濃郡のうち三万石を与えられた。左京亮は同年閏一一月以降に坂崎姓を称し、官途名も対馬守あるいは出羽守を名乗った。入封後には毛利期に国人領主吉見家の居城であった三本松城を大改築した。これが津和野城である。慶長二〇年の大坂夏の陣において、豊臣秀頼の室（徳川秀忠の娘）千姫救出に功のあったことから、一万石を加増されたが、翌年、本多忠刻《ただとき》に再嫁の決まった千姫を奪取する計画があったとして処罰され、坂崎氏は断絶した。

津和野藩（亀井氏）

元和三年（一六一七）、鹿足、美濃、那賀、邑智郡のうち四万三〇〇〇石を与えられて、因幡国鹿野から亀井政矩《まさのり》が入封した。政矩は山間部の津和野城から沿岸部の高津（美濃郡）への居城移転を計画するが、広島城無断修築を契機として福島正則が改易された事件を踏まえ、新規築城を断念した。また、政矩の子茲政《これまさ》の代に家中騒動が勃発したが、多胡勘解由（尼子氏旧家臣）らを処断して、茲政側近多胡主水らを中心に藩政を再構築した。主水は殖産興業にも努め、茲政の代には紙専売仕法も布《し》かれて、「石州半紙」が特産物となっていく。最後の藩主茲監《これみ》は他姓養子（筑後久留米藩主有馬頼徳の子）であったが、藩校養老館の機構改革を行い、教育立藩に努めた。

美作国
津山藩（森氏）

森家

備前、美作二国の国主であった小早川秀秋の没後、慶長八年二月に、森忠政が美作国一国（石高一八万六〇〇〇石余）を与えられて、信濃国川中島から移封された。森氏は美濃国守護土岐氏の家臣であったが、忠政の父可成《よしなり》の代から織田信長に仕え、兄長可《ながよし》は信長没後、羽柴秀吉に従った。しかし、長可が小牧・長久手の戦いにおいて戦死したため、忠政が家督を相続した。

忠政は美作国入封の翌年から鶴山において新たな居城（津山城）の普請を始め、慶長一〇年ごろに概成、元和二年に完成したとされる。寛永一一年（一六三四）に忠政は急死したが、男子がすべて早世していたため、外孫（家臣関成次と忠政娘郷の子）長継《ながつぐ》が二代藩主となった。長継は延宝二年（一六七四）に隠居したが、長男忠継は早世していたため、弟の長武が三代藩主となった。その後、忠継の長男長成《ながなり》が一六歳に達すると、長武は長成に藩主の地位を譲ったが、長成は元禄一〇年（一六九七）、嗣子なく没し、後継者とされた衆利《あつとし》（長継の子で、長継弟関衆之の養子となっていた）も、急病となったため、森氏は改易された。なお、隠居料として二万石を与えられていた長継は備中国西江原へ、一万五〇〇〇石を分与されていた長継の子長俊（長武弟）は播磨国三日月へ、一万八〇〇〇石余を分与されていた長継弟関長政の養子長治（長俊弟）は備中国新見へ移封され、いずれも廃藩まで存続した（西江原藩はのちに播磨国赤穂へ移封）。

津山藩（松平氏）

元禄一一年（一六九八）一月、松平長矩《ながのり》が、美作国のうち、東南条、東北条、西北条、西西条《さいさいじょう》、大庭《おおば》郡、および真島、久米南条、勝南郡の一部（石高一〇万石）を与えられて、津山に入封した。長矩は陸奥国白河藩主松平直矩《なおのり》（徳川家康次男結城秀康の五男直基の長男）の三男で、松平光長の養子である。光長は結城秀康長男忠直の長男であるが、父忠直が蟄居させられた後、越後国高田へ減封され、さらに、後継者をめぐる越後騒動の結果、領地を収公*され、伊予国松山へ流罪となった。光長が赦免されて江戸に帰着した後に養子となったのが直矩である。したがって、津山松平家は秀康の直系に当たることになる。

ところが、宣富《のぶとみ》（長矩が改名）の跡を継いだ浅五郎は享保一一年（一七二六）に一一歳で嗣子なく没した。このため、宣富実弟松平知清（白河新田藩主）の子又三郎が急遽養子に迎えられ、三代藩主（長熙《ながひろ》）となったが、領内において一揆が頻発していたこともあり、石高五万石に減封された。長熙も嗣子なく没したため、越前松平氏（結城秀康の子孫）一門の広瀬藩（松江藩支藩）主松平近朝の子が四代藩主となった（長孝）。七代藩主斉孝のとき、一一代将軍徳川家斉の子銀之助（のちの八代藩主斉民）を養嗣とした結果、文化一四年（一八一七）に五万石を加増され津山藩は旧来の石高一〇万石に復帰した。九代藩主には斉孝の実子慶倫《よしとも》が就き、明治維新に至った。

＊収公：領地などを官府が取り上げること。

備前国

岡山藩（小早川氏）

小早川家

関ヶ原の戦いにおいて西軍から東軍へ寝返り、合戦後に石田三成の居城佐和山城を攻略した小早川秀秋は、その戦功により、備前、美作二国の国主となった。石高は四〇万四〇〇〇石。秀秋は豊臣秀吉の室おねの兄弟木下家定の子であり、おねの甥にあたるため、幼少時に秀吉の養子とされていたが、文禄三年（一五九四）、毛利元就の三男小早川隆景の養子となり、関ヶ原の戦い時には、筑前一国および筑後国の一部を領有していた。

秀秋入封の翌年には、年寄として政務を担っていた杉原重政殺害事件や稲葉通政（室は春日局）出奔事件が勃発したが、その後の藩政において、林長吉や伊岐遠江守などの秀詮《ひであき》（慶長六年末から翌年初頭に改名）側近層の担う比重が高まったことから推測すると、専制体制を確立しようとした秀秋と年寄層との間に深刻な対立が生じたものと考えられる。なお、林は備前片上城、伊岐は備前常山城の支城主となっている。

慶長七年（一六〇二）一〇月、秀詮が嗣子なく没したため、小早川氏は断絶した。

岡山藩（池田氏）

小早川氏断絶後、備前国一国（石高二八万石）を与えられたのは播磨国姫路藩主池田輝政の次男忠継である。輝政の父恒興《つねおき》は乳兄弟である織田信長に仕えていたが、本能寺の変後は羽柴秀吉に従った。しかし、恒興および長男元助が小牧・長久手の戦いにおいて戦死したため、次男であった輝政が家督相続した。輝政の最初の室中川清秀の娘は長男利隆出産後に離縁され、徳川家康の次女督姫が継室となった。忠継は輝政と督姫の間の第一子である。備前国拝領時はわずか五歳であったため、異母兄利隆が当初は岡山にあって政務を代行していたが、慶長一八年（一六一三）に輝政が没すると、忠継は播磨国の一部（宍粟《しそう》、佐用、赤穂の三郡、石高一〇万石）も分与され、岡山城へ入った。しかし、忠継は慶長二〇年に一七歳で嗣子なく没した。このため、淡路洲本藩主であった忠継の同母弟忠雄が岡山藩を相続した。忠雄の相続時に、播磨国内の所領を同母弟輝澄（宍粟郡）、政綱（赤穂郡）、輝興（佐用郡）に分与する一方、慶長二〇年に没した母督姫の化粧料（備中国浅口、窪屋、下道、都宇《つう》の一部）を相続して、石高は三一万五〇〇〇石余となった。

ところが、寛永九年（一六三二）には忠雄が三一歳で没し、嫡子光仲が三歳と幼少であったため、利隆の子で鳥取藩主となっていた光政が岡山へ移封された。領内には周辺に一円的な知行地を伴い、領主的性格を備えた家老の陣屋が設けられた。日置家（金川）、土倉家（佐伯）、建部池田（祖は池田長吉の子長政）家（建部）、片桐池田（祖は恒興四男長政）家（周匝《すさい》）、伊木家（虫明《むしあげ》）、天城池田（祖は池田由之家（天城）である。

以降、八代斉政まで他姓養子はなかったが、斉政の子斉輝が早世したため、薩摩藩主島津斉興の子を養子とし（九代斉敏、母が鳥取藩主池田治道の娘、同母兄は島津斉彬）、以後養子による相続が続いた（一〇代慶政は豊前中津藩主奥平昌高の子、一一代茂政は水戸藩主徳川斉昭九男）。

備中国

足守藩（木下氏）

慶長六年、木下家定（播磨国姫路城主）が賀陽、上房郡のうちで二万五〇〇〇石を与えられて入封した。家定は豊臣秀吉の室おねの兄弟であり、足守に隣接する備前岡山藩主となった小早川秀秋の実父で

木下家

ある。慶長一三年に家定が没すると、その遺領をめぐって、ともに関ヶ原の戦い後に所領を没収されていた長男勝俊と次男利房の間で争いがあり、勝俊が独占しようとしたため、所領は没収された。その後、慶長一五年に和歌山藩主浅野幸長の弟長晟が二万四〇〇〇石を与えられて入封したが、幸長の死に伴い、長晟が和歌山藩を相続したため、一旦、幕領となった。

慶長二〇年の大坂夏の陣後、木下利房が父の遺領に復帰を許され、以降、明治維新に至るまで木下氏による統治が続いた。他姓養子は九代利徳（伊勢国津藩主藤堂高嶷《たかさと》の子）のみである。足守に陣屋が設けられたのは三代利貞のころと考えられる。八代利徽《としよし》のときに所領の約七割を陸奥国伊達の信夫郡に移されたため、藩財政は窮乏したが、一〇代利愛《としちか》（利徽の実子）のときに陸奥国領のうち、約半分を賀陽郡において返還され、廃藩置県の前年にはすべての所領が備中国内に戻された。

成羽藩（山崎氏）

山崎家

元和三年（一六一七）の池田光政の鳥取移封に伴い、山崎家治が石高三万石（うち、備中国内は川上、哲多、後月、浅口、下道郡で二万八〇〇〇石余）で入封した。居城は置かれず、戦国期の鶴首城の御根小屋を陣屋とした。家治は寛永一五年に肥後国天草に移封され、翌年、常陸下館藩主水谷勝隆が石高五万石（うち、播磨国において一万石）で入封した。藩領は、山崎期に所領の存在した郡（後月を除く）のほか、阿賀、上房、賀陽郡に存在した。水谷氏は常陸国の戦国大名結城氏に従っていた国人領主で、勝隆の父勝俊が結城秀康の越前移封時に独立大名となった。成羽入封後の勝隆は成羽陣屋を新たに造営したが、わずか四年で松山へ移封された。

その後、万治元年（一六五八）、山崎家治の次男豊治が成羽へ復帰した。家治の嫡孫治頼（家治長男俊家の子）が嗣子なく没したため、山崎丸亀藩（肥後国天草から移封）は断絶したが、分家として五〇〇〇石を与えられていた豊治に名跡相続が認められたものである。しかし、石高五〇〇〇石の*交代《こうたい》寄合《よりあい》であったため、「藩」とはいえない。豊治は成羽陣屋を修築して陣屋町の整備にも努めた。なお、藩領内の連島開拓の進展により、幕末の治正の代に石高が一万二〇〇〇石余となったことから、明治二年（一八六九）に立藩が認められた。

松山藩（池田氏）

元和三年（一六一七）の池田光政の鳥取移封に伴い、池田長幸が上房、賀陽、阿賀、哲多、川上、浅口、後月、小田、窪屋郡のうちで六万五〇〇〇石を与えられて入封した。居城は松山城であるが、次代の水谷期に修築されているため、池田期松山城の実態は定かでない。寛永一八年（一六四一）、長幸の子長常が嗣子なく没したため、松山池田氏は断絶した。

松山藩（水谷氏）

寛永一九年、成羽から水谷勝隆が移封された（石高五万石）。藩領は、池田期に所領の存在した郡（後月、小田、窪屋郡を除く）のほか、下道郡に存在した。二代勝宗は松山城を修築するとともに、御根小屋を完成させ、また、城下町も整備したが、三代勝美の没後、*末期《まつご》養子《ようし》となった従兄弟の勝晴も没したため、断絶した。なお、勝美の弟勝時が川上郡において三〇〇〇石を与えられ、水谷氏は交代寄合として存続した（布賀知行所）。

水谷家

松山藩（板倉氏）

水谷氏断絶から、いずれも徳川氏譜代大名である安藤氏（重博、信友）、石川氏（総慶）による比較

＊交代寄合：江戸幕府における旗本の家格。一万石未満ながら大名なみの侍遇で隔年か数年ごとに参勤交代を行った。
＊末期養子：江戸時代、武家の当主で跡継ぎのない者が急死した場合、緊急に縁組みされた養子のこと。

板倉家

的短期間の領主交代を経た後、延享元年（一七四四）、板倉勝澄が伊勢国亀山から入封した（石高五万石）。藩領は、上房、川上、賀陽、下道、哲多、阿賀、浅口郡に存在した。勝澄は、徳川家康の信任厚く京都所司代を務めた勝重を祖とする板倉宗家の第七代にあたる。以降、板倉氏による統治が七代勝静まで続いたが、勝静が老中を務めるなど幕府の中枢にあり、戊辰戦争の際も奥羽越列藩同盟の参謀となって箱館まで転戦したため、明治二年、二万石に減封され、廃藩置県を迎えた。なお、元禄一二年（一六九九）以降の庭瀬藩主板倉氏は勝重の次男重昌の系統である。

備後国

福山藩（水野氏）

関ヶ原の戦い後に安芸、備後二国および備中国の一部を与えられた福島正則が、元和五年に減封された後、備後国七郡（深津、沼隈《ぬまくま》、安那《やすな》、品治《ほんち》、芦田、神石《じんせき》、甲奴《こうぬ》の一部）および備中国の一部（小田、後月郡の一部）は、水野勝成《かつなり》に与えられた。石高一〇万石。

水野家

水野氏は戦国期に三河国刈屋を本拠としていた国人領主である。勝成の父忠重は織田信長、信雄《のぶかつ》（信長の次男）に仕えていたが、信雄失脚後は豊臣秀吉から伊勢国神戸を与えられ、その後、旧領刈屋に復帰した。したがって、少なくとも忠重は豊臣系大名に分類される。一方、徳川家康の母は勝成の叔母（父忠重の姉）であるため、勝成は家康の従兄弟にあたる。また、勝成は父の忠重と対立して出奔し、忠重が関ヶ原の戦い直前に横死した当時は家康に従っていたとされる。このような経緯から、勝成は譜代大名としての性格を有する。徳川権力の西国における直接的支配には少なからぬ抵抗があったものと推測され、譜代大名ではあるが、父が豊臣系大名の系譜に連なるという勝成の特殊性と、大坂夏の陣後に大和国郡山に入封したことも含め、勝成の西国への配置を可能にしたのである。

勝成は入封当初、神辺城に入ったが、元和八年（一六二二）、新たに普請した福山城に移った。水野氏による統治は五代勝岑《かつみね》まで続いたが、元禄一一年（一六九八）、勝岑が二歳で没し、嗣子がなかったため断絶した。

福山藩（松平氏）

水野氏断絶後、幕領期を経て、元禄一三年、松平忠雅が出羽国山形から入封した。忠雅の曽祖父は徳川家康の外孫松平忠明である。忠明の父奥平信昌は三河国作手を本拠とする国人領主であったが、長篠合戦における戦功により、家康の長女亀姫を室とした。このため、その子忠明以降は松平姓を称した。石高は水野期と同じ一〇万石であるが、幕領期に行われた検地の結果、旧水野氏領が一五万石であったため、幕領とされた備中国内分、神石、甲奴、安那郡の一部を除く地域が福山藩領となった。しかし忠雅は、宝永七年（一七一〇）に伊勢国桑名へ移封され、わずか一〇年足らずの治世であった。

福山藩（阿部氏）

阿部家

忠雅移封後、下野国宇都宮藩主阿部正邦が石高一〇万石で入封した。阿部氏は正邦の祖父重次が老中を務めるなど、有力な譜代家臣であった。福山藩主期においても、三代正右《まさすけ》、四代正倫《まさもと》、五代正精《まさきよ》、七代正弘が老中を務めた。とりわけ、正弘は老中首座となり、嘉永五年（一八五二）には一万石を加増（備後国神石、安那郡の一部、備中国後月郡の一部、のちに同国川上郡に領地替え）されたため、明治維新時の石高は一一万石であった。

安芸国

広島藩（福島氏）

福島家

関ヶ原の戦い後に減封された毛利氏に代わって、安芸、備後二国および備中国の一部（小田郡および後月郡の一部）を領有したのは福島正則である。石高は四九万八〇〇〇石余。居城は広島城。支城として神辺城、鞆城、五品嶽城、尾関山城、三原城（以上備後）、亀居城（安芸）が置かれた。なお、少なくとも神辺城、三原城は元和の一国一城令後も廃城となっておらず、その他の城郭の破却も不徹底であったとされる。

福島正則は豊臣秀吉の縁者とされ、いわゆる「賤《しず》ヶ《が》岳《たけ》七本槍《しちほんやり》」として武功を挙げるなど、秀吉子飼い家臣の代表格であった。秀吉の養子秀次失脚後にその本拠であった尾張国清須領（石高二四万石）を与えられたことからも、秀吉の正則に対する信頼度の高さがうかがえる。秀吉没後、徳川家康は自らの養女を正則の養子正之（正則の甥）の室としたが、豊臣氏家臣団の動向を左右する存在であった正則を自陣営に取り込もうとしたものである。関ヶ原の戦いにおいては、東軍の主力として勝利に貢献した。広島への加増移封はその戦功に応えるとともに、多数の豊臣系大名が配置された西国を統括する役割も担っていたものと考えられる。しかしながら、大坂夏の陣により豊臣家が滅亡した後は、幕府にとって正則の利用価値は低下した。元和三年の洪水により破損した広島城の無断修築を糾問され、幕府から本丸を除く二の丸、三の丸、総構の破却、嫡子忠勝（正之は廃嫡）の上洛などを条件に一旦赦免されたが、本丸の一部の石垣の破却のみにとどめたことを責められ、元和五年に信濃国川中島へ減封（四万五〇〇〇石）となった。

広島藩（浅野氏）

浅野家

福島正則移封後、広島藩主とされたのは浅野長晟《ながあきら》である。領地は安芸国一円と備後国八郡。石高は四二万六〇〇〇石余。長晟は豊臣政権五奉行の一人浅野長吉（長政）の次男である。関ヶ原の戦い後に紀州和歌山藩主となった兄幸長が、慶長一八年（一六一三）に没したため、長晟は和歌山藩を相続していたが、和歌山藩の石高は三七万石余とされるため、広島への移封は加増であった。浅野氏は豊臣系大名の筆頭格であるとともに、長晟は徳川家康三女振姫を室としており、徳川家とも姻戚関係にあったことが、正則の後継とされた一因であろう。

公式の支城である三原城のほか、福島期支城の立地した地域にも*大身《たいしん》の家臣が配置されており（三原の浅野忠吉、三次の浅野知近、小方の上田重安、東城の亀田高綱）、長晟は家中統制に苦慮していたが、入封直後に知近を粛清して藩主の専制的権力を確立していった。なお、寛永元年（一六二四）には高綱も退藩したため東城には浅野高英を配置し、三原、小方、東城の三家老家として固定された。三次については、長晟の嫡子光晟の襲封の際庶兄長治に分知され、支藩となった。また、五代吉長は弟長賢に蔵米を分与して分家を立てさせた。いわゆる広島新田藩である。

光晟以降、一〇代慶熾《よしてる》まで長晟嫡流による相続が続いたが、慶熾が嗣子なく二三歳で没したため、広島新田藩主長訓《ながとし》（茂長）が本藩の藩主となり、明治維新に至った。

＊大身：禄高が高いこと。

周防国、長門国
長州藩（毛利氏）

毛利家

毛利輝元は慶長五年の関ヶ原の戦いにおいて西軍の総大将格となっていたが、吉川広家らの工作により、合戦直前に徳川家康から領国安堵の保障を得ていた。ところが、家康は合戦後、安芸、備後、備中、伯耆、隠岐、出雲、石見を没収して、周防、長門二国を輝元、秀就《ひでなり》（輝元嫡子）に与えた。輝元は剃髪して宗端と称したため、長州藩の初代藩主は秀就であるとされる。しかし、減封直後期において、知行宛行は輝元が発給しており、官途書出が両者連署の場合、日下が秀就、奥が輝元である。これらの史料から、対外的には両者が藩主、対内的には輝元が当主であったと考えるべきであろう。慶長一〇年の国絵図上進の際の公称石高は二九万八〇〇〇石余であったが、慶長一八年以降は三六万九〇〇〇石余とされ、明治維新に至るまで朱印高に変化はなかった。

輝元は慶長八年一〇月、減封後初めての帰国を果たしたが、この時点では居城がなかったため、山口に仮住居を構え、新たな居城の選定を始めた。その候補地は、①山口高嶺、②防府桑山、③萩指月の三か所であった。従来の通説では、関ヶ原の戦いにおいて敵対した毛利氏は家康から警戒されており、大内氏の本拠として栄えた山口や、瀬戸内海沿岸の要地防府を居城とすることを許されなかったため、やむなく萩に決定したとされてきた。しかし、家康側近本多正純らとの交渉の経緯をみると、①は毛利氏自身が難色を示し、②は普請費用がかさむことから困難としており、③萩を居城としたことは毛利氏の積極的な選択だったものと考えられる。輝元は慶長九年一一月、萩城へ入城し、以後、幕末の文久三年（一八六三）に一三代藩主敬親《たかちか》が山口新城へ移るまで萩が居城とされた。減封当初の支城および城主は、高嶺（佐世元嘉《させもとよし》）、長府（毛利秀元）、岩国（吉川広家）、三尾（毛利元政）、右田（宍戸元次）、荒瀧（毛利元宣）、須佐（益田元祥《もとなが》）であったが、いずれも元和の一国一城令により破却された。

歴代藩主のうち、輝元嫡流は四代目の吉広で断絶したが、支藩長府藩からの養子相続による家督継承を図っており、江戸期を通して他姓養子による相続はなかった。

◆徳川幕府が直接支配した豊かな土地「天領」

「天領」とは、江戸時代における徳川幕府の直轄領のことである。豊臣政権時代の徳川氏の直轄地に、関ヶ原の戦い、大坂の役により没収した領地などを加えて一七世紀末には約四〇〇万石を超え、そこからの年貢収入は幕府の重要な財源となっていた。

全国に分布し、郡代、代官、奉行などを置いて支配させた。旗本や御家人の知行地、大名に支配を委託した大名預所も含む。

幕府は経済的、軍事的に重要な場所はどの大名にも渡さず天領とした。佐渡、隠岐、甲斐、飛騨は一国すべてが天領であった。佐渡、甲斐は金山、飛騨は鉱山と豊富な森林資源があり、隠岐は海上の要衝地であった。中国地域の天領では石見銀山、隠岐、倉敷、広島の甲奴郡などが知られる。

なお、「天領」という名称は、明治初期に旧幕府直轄領が天皇の御料となったため呼ばれるようになったもので、江戸時代には「御料所」「御料地」「支配所」などと呼ばれた。

Ⅲ　廃藩置県

明治四年（一八七一）七月の廃藩置県によって、原則として廃藩直前の藩の領域ごとに県が設置されたが、同年一一月県の統合が行われた結果、中国地域には八つの県が設置された。因幡、伯耆国一円が鳥取県、出雲国一円が島根県（広瀬、母里県を編入）、石見、隠岐国一円が浜田県、美作国一円が北条県（津山、鶴田、真島県が統合）、備前国一円が岡山県、備中国一円と備後国の一部（旧福山藩領）が深津県（庭瀬、足守、浅尾、岡田、新見、高梁、成羽、生坂、鴨方、倉敷県および福山県を統合）、備後国の一部（旧広島藩領、旧中津藩飛地領、旧幕領）と安芸国一円が広島県（中津、倉敷県の一部を編入）、周防、長門国一円が山口県（岩国、清末、豊浦県を編入）である。このようにして、藩の残影は次第に消えていった。

◆著者プロフィール［掲載順］

光成　準治（みつなり・じゅんじ）　一九六三年、大阪府生まれ。九州大学大学院比較社会文化学府博士課程修了。博士（比較社会文化）。現在は、県立広島大学非常勤講師、鈴峯女子短期大学講師。専攻は戦国期から江戸期の政治史、空間構造史。主な著書に『中・近世移行期大名領国の研究』（校倉書房、二〇〇七年）『関ヶ原前夜―西軍大名たちの戦い』（日本放送出版協会、二〇〇九年）などがある。

浅利　尚民（あさり・なおみ）　一九七六年、青森県生まれ。同志社大学大学院文学研究科博士課程前期修了。二〇〇一年から林原美術館に勤務し現在、学芸課課長。平成二三年度社会教育功労者表彰（博物館法施行六〇周年記念奨励賞）受賞。主な論文に「黄葉亭記の原本と写本―岡山藩主池田家旧蔵資料の構造分析を踏まえて―」（『ＭＵＳＥＵＭ』六四一号、二〇一二年）などがある。

大嶋　陽一（おおしま・よういち）　一九八一年、鳥取県生まれ。東京学芸大学大学院修士課程修了。二〇〇五年より鳥取県立博物館勤務。現在、鳥取県立博物館主任学芸員。専門は日本近世史、鳥取藩政史。

皿海　弘樹（さらがい・ひろき）　一九八五年、広島県生まれ。二〇〇九年、北九州市立大学人文学部卒。現在、福山城博物館学芸員。

道迫　真吾（どうさこ・しんご）　一九七二年、福岡県生まれ。一九九九年、明治大学大学院文学研究科修了（修士）。現在、萩博物館主任学芸員。専門は明治維新史、洋学史。主な著書は『萩の近代化産業遺産』『長州ファイブ物語』、主な論文は「萩反射炉再考」（『日本歴史』七九三号）など。

西島　太郎（にしじま・たろう）　一九七〇年、滋賀県生まれ。名古屋大学大学院文学研究科博士課程（後期課程）修了。博士（歴史学）。名古屋大学大学院講師、日本学術振興会特別研究員、松江市観光振興部歴史資料館整備室副主任などを経て、現在、松江歴史館学芸員。著書には『戦国期室町幕府と在地領主』（八木書店、二〇〇六年）、『京極忠高の出雲国・松江』（松江市教育委員会、二〇一〇年）、『野口英世の親友・堀市郎とその父櫟山』（ハーベスト出版、二〇一二年）などがある。

西村　直城（にしむら・なおき）　一九六三年、東京都生まれ。立命館大学文学部史学科卒業。現在、広島県立歴史博物館主任学芸員。専門は近世史。主な著書は『阿部正弘と日米和親条約』ほか。

松島　弘（まつしま・ひろし）　一九三六年、島根県生まれ。中央大学大学院修士課程修了。哲学専攻。現在、津和野町文化財保護審議会会長、森鷗外記念館評議員（東京）、森鷗外記念館協議会副会長。著書には『西周と日本の近代』（共著）『津和野藩主　亀井茲監』『藩校養老館』などがある。

谷一　尚（たにいち・たかし）　一九五二年、岡山市生まれ。東京大学文学部卒業、同大学文学博士。共立女子大学大学院教授、日本ガラス工芸学会会長、日本学術会議東洋学委員、岡山市立オリエント美術館館長を経て、現在、林原美術館館長、山陽学園大学教授、総合人間学部長。近著に『美術館長の眼』（吉備人出版、二〇一三年）など。

仲野　義文（なかの・よしふみ）　一九六五年、広島県生まれ。別府大学文学部史学科卒業。財団法人鉄の歴史村地域振興事業団学芸員を経て、一九九三年から石見銀山資料館学芸員。二〇〇七年より石見銀山資料館館長。著書に『街道の日本史　出雲と石見銀山街道』（共著）、『世界遺産石見銀山を歩く』『銀山社会の解明』などがある。

多久田　友秀（たくだ・ともひで）　一九七〇年、島根県生まれ。関西大学大学院文学研究科博士課程前期（修士課程）修了。日本近世史専攻。現在、島根県近世史研究会会員。共著に『近世の畿内と西国』『大社町史（中巻）』などがある。

秋山　伸隆（あきやま・のぶたか）　一九五三年生まれ。広島大学文学部、同大学院で日本史を学ぶ。広島大学文学部助手、広島文化女子短期大学助教授、広島女子大学助教授・教授を経て二〇〇五年より県立広島大学人間文化学部教授。専攻は日本中世史。主な著書・論文に『戦国大名毛利氏の研究』（吉川弘文館、一九九八年）、「厳島合戦を再考する」（『宮島学センター年報』第一号、二〇一〇年）などがある。

宍道　正年（しんじ・まさとし）　一九四八年、島根県松江市生まれ。島根大学教育学部卒業後、小学校教諭、島根県古代文化センター長、島根県埋蔵文化財調査センター所長、島根県教育庁文化財課課長などを歴任し、松江市立法吉小学校校長を最後に教職退職。二〇一〇年から松江歴史館専門官。主な著書に『島根県の縄文土器集成Ⅰ』『ふるさと日御碕』『清原太兵衛と佐陀川づくり』『島根の考古学アラカルト』などがある。

尾島　治（おじま・おさむ）　一九五七年、岡山県津山市生まれ。岡山大学卒業後、津山市教育委員会において文化財保護行政を担当した後、津山郷土博物館学芸員勤務を経て、二〇一〇年より津山郷土博物館館長。専門は日本近世史。主な著書、図録に『津山学ことはじめ』（共著）、『津山城百聞録』（共著）、『図説美作の歴史』（共著）、『江戸一目図を歩く—鍬形蕙斎の江戸名所めぐり』『衆楽園』『津山藩と小豆島』『津山松平藩とその系譜』などがある。

古川　恵子（ふるかわ・けいこ）　一九七六年、広島県安芸高田市生まれ。二〇〇二年、京都橘女子大学文学部卒業後、安芸高田市歴史民俗博物館に学芸員として勤務。

相良　英輔（さがら・えいすけ）　一九六七年、広島大学文学部史学科国史学研究卒業後、広島大学大学院文学研究科博士課程単位修得退学。現在、広島経済大学名誉教授。島根県文化財審議会委員。研究テーマは近代日本経済史、塩業史、たたら製鉄業史。著書に『近代瀬戸内塩業史研究』編著書に『出雲と石見銀山街道』などがある。

村上　宣昭（むらかみ・のぶあき）　一九六四年、福岡県出身。一九八九年、広島大学大学院文学研究科博士課程前期修了。広島城、広島市交通科学館、広島市郷土資料館で学芸員を務める。二〇一三年より広島市郷土資料館主任。

新庄　正典（しんしょう・まさのり）　一九七七年、大阪府交野市生まれ。島根大学法文学部文学科卒業。現在、松江歴史館学芸員。

内田　融（うちだ・ゆう）　一九五二年、島根県雲南市生まれ。島根大学文理学部卒業後、島根県立図書館、島根県立古代出雲歴史博物館などに勤務の後、現在、島根県公文書センター嘱託員。八雲会常任理事・事務局長。

原田　史子（はらだ・ふみこ）　一九七〇年、山口県岩国市生まれ。国学院大学卒業後、一九九五年に吉川史料館学芸員補佐、後に学芸員として勤務。

鐘尾　光世（かなお・こうせい）　一九四三年、広島県福山市生まれ。立命館大学、仏教大学を卒業後、福山市立福山城博物館学芸員となる。現在、同博物館館長。主に郷土史（近世）を研究する。

上田　俊成（うえだ・とししげ）　一九四一年、山口県長門市生まれ。現在、山口県文化連盟会長。松陰神社宮司。至誠館大学非常勤講師。

岡野　将士（おかの・まさし）　一九六七年、広島県尾道市生まれ。立命館大学文学部史学科卒。現在、広島県立歴史博物館主任学芸員。専門は近世史。主な著書には『黄葉夕陽村舎に憩う』などがある。

参考文献

［1章］
山本博文「統一政権の登場と江戸幕府の成立」（歴史学研究会・日本史研究会編『日本史講座　第5巻　近世の形成』（東京大学出版会、二〇〇四年）
山本博文編『新しい近世史　第一巻　国家と秩序』（新人物往来社、一九九六年）
高木昭作『日本近世国家史の研究』（岩波書店、一九九〇年）
堀新『天下統一から鎖国へ』（吉川弘文館、二〇一〇年）
山口啓二『幕藩制成立史の研究』（校倉書房、一九七四年）
鈴木淳『維新の構想と展開』（講談社、二〇〇二年）
高野信治『藩国と藩輔の構図』（名著出版、二〇〇二年）
岸田裕之『統合へ向かう西国地域』（有光友學編『戦国の地域国家』）（吉川弘文館、二〇〇三年）
田中誠二「萩藩前期藩政の動向」（山口県編『山口県史　史料編近世2』）（山口県、二〇〇五年）
谷口澄夫『岡山藩』（吉川弘文館、一九六四年）
福田千鶴「戦争の終焉と城郭―福島正則の改易をめぐる三つの疑問」（藤田達生編『近世成立期の大規模戦争―戦場論下』）（岩田書院、二〇〇六年）
福田千鶴『御家騒動』（中央公論新社、二〇〇五年）
福田千鶴『徳川秀忠』（新人物往来社、二〇一一年）
三宅智志「大名の婚姻に関する一考察」（『佛教大学大学院紀要』文学研究科篇三九、二〇一一年）
宮地正人・佐藤信・五味文彦・高埜利彦編『新体系日本史1　国家史』（山川出版社、二〇〇六年）

［2章1節1項］
『増訂閑谷学校史』（特別史跡閑谷学校顕彰保存会、福武書店、一九八七年）
谷口澄夫『池田光政』（新装版第一刷、吉川弘文館、一九八七年）
『閑谷学校資料館図録』（特別史跡閑谷学校顕彰保存会、二〇〇〇年）
『閑谷学校ゆかりの人々』（特別史跡閑谷学校顕彰保存会、山陽新聞社、二〇〇三年）
倉地克直『池田光政―学問者として仁政行もなく候へば―』（ミネルヴァ書房、二〇一二年）

［2章1節4項］
萩市史編纂委員会編『萩市史』第一巻（萩市、一九八三年）
小川国治編『県史三五 山口県の歴史』（山川出版社、一九九八年）

［2章1節5項］
上野富太郎・野津静一郎編『松江市誌』（松江市庁、一九三一年）
内藤正中・島田成矩『松平不昧』（松江今井書店、一九九八年）
松平家編集部編『増補復刻松平不昧傳』（原書房、一九九九年）
乾隆明『松江藩の財政危機を救え』（松江市教育委員会、二〇〇八年）
西島太郎「松江藩主の居所と行動」（松江市教育委員会編『松江市史研究一』）（松江市教育委員会、二〇一〇年）

［2章2節1項］
広島県立美術館編『秀吉・織部と上田宗箇展―よみがえる桃山の茶―』（秀吉・織部と上田宗箇展実行委員会、二〇〇〇年）
徳島市立徳島城博物館編『武将茶人上田宗箇と桃山文化―徳島城表御殿庭園作庭者の素顔―』（二〇〇〇年）
矢部良明『武将茶人　上田宗箇―桃山茶の湯の逸材―』（角

川学芸出版、二〇〇六年）
ＮＨＫ出版編集制作『上田宗箇―生誕四五〇年記念―武将茶人の世界展』（ＮＨＫプロモーション、二〇一一年）
［2章2節4項］
井上勝生『日本の歴史一八　開国と幕末変革』（講談社、二〇〇九年）
［3章1節1項］
大野瑞男『江戸幕府財政史論』（吉川弘文館、一九九六年）
和泉清司『江戸幕府代官頭文書集成』（文献出版、一九九九年）
村上直『江戸幕府の代官群像』（同成社、一九九七年）
村上直『代官頭大久保長安の研究』（揺藍社、二〇一三年）
村上直ほか『大久保長安に迫る―徳川家康の天下を支えた総代官』（揺藍社、二〇一三年）
［3章1節2項］
加藤義成『古代文化叢書一　出雲国風土記論究』（島根県古代文化センター、一九九五年）
桜木保『松江藩の地方役　岸崎左久次―免法記・田法記―』（島根県土地改良事業団体連合会、一九六七年）
石塚尊俊『大梶七兵衛と高瀬川』（出雲市教育委員会、一九八七年）
多根令己「岸崎左久次伝余話」（『湖陵町誌研究四』）（湖陵町教育委員会、一九九五年）
池橋達雄「岸崎左久次の仕事」（乾隆明編著『松江開府四〇〇年 松江藩の時代』）（山陰中央新報社、二〇〇八年）
小野武夫編『近世地方経済史料　第六巻』（吉川弘文館、二〇一三年）
［3章1節4項］
奥原福市「清原太兵衛事蹟」（『島根県旧藩美蹟』島根県内務部、一九一二年）
朝山晧『清原太兵衛』（清原太兵衛頌徳会、一九五五年）
松尾寿「藩政の展開」（『島根県の歴史』）（山川出版社、二〇〇五年）
宍道正年「佐陀川開削と旧佐太川の川筋」（『山陰中央新報』二〇一一年一月二七日、文化欄）
宍道正年「清原太兵衛の佐陀川づくり」（『ウンパ君と歩く中海散歩』中海市長会、二〇一一年）
宍道正年「佐陀川開削の定説を疑う」（『山陰中央新報』二〇一一年一月一三日、文化欄）
宍道正年・八幡長政「清原太兵衛と佐陀川づくり」（『昭和五七年度松江市立法吉小学校第四学年社会科文集』、一九八三年）
［3章1節5項］
水田楽男『洋学者宇田川家のひとびと』（日本文教出版株式会社、一九九五年）
津山洋学資料館編『宇田川三代の偉業』（津山洋学資料館、一九八九年）
［3章1節6項］
木村岩治『洋学者箕作阮甫とその一族』（日本文教出版株式会社、一九九四年）
［3章1節7項］
土生玄碩先生百五十年記念会編『土生玄碩先生第百五十年記念会贈位祝典記事』（土生玄碩先生百五十年記念会、一九一六年）
奥沢康正・園田真也編『眼科医家人名辞典』（思文閣、二〇〇六年）
水野慶善『師談録』（富士川游・小川剣三郎・唐澤光徳・尼子四郎編『杏林叢書　第三輯』所収）（思文閣、一九二四年）
高田郡医師会『高田郡医師会史』（高田郡医師会、一九七四年）

[3章2節2項]
米田正治『島根県家列伝』（今井書店、一九七二年）
村上 直『江戸幕府の代官群像』（同成社、一九九七年）
温泉津町誌編さん委員会『温泉津町誌中巻』（温泉津町、一九九五年）
三次市史編集員会『三次市史Ⅱ』（三次市、二〇〇四年）
[3章3節4項]
小泉節子『思い出の記』（『小泉八雲』所収）（恒文社、一九七六年）
長谷川洋二『小泉八雲の妻』（松江今井書店、一九八八年）
田部隆二『小泉八雲』（北星社、一九八〇年）
藤森きぬえ『ヘルンとセツの玉手箱』（文渓社、一九九二年）
『小泉八雲の妻』（『さんいんキラリ NO.23』）（グリーンフィールズ、二〇一一年）
[4章1節5項]
笠井助治『近世藩校の綜合的研究』（吉川弘文館、一九六〇年）
村山吉廣『藩校―人を育てる伝統と風土―』（明治書院、二〇一一年）
『江戸時代人づくり風土記34 ふるさとの人と知恵広島』（社団法人農山漁村文化協会、一九九一年）
久保田啓一「広島藩の文芸と藩儒寺田臨川（上）」（『語文研究』一一二、二〇一一年）
畠眞實「285年祭講演「修道はなぜ藩校の流れを汲んでいると言えるのか」」（『修道』七三、二〇一一年）
[5章]
山口県教育会編『吉田松陰全集』全一二巻 復刻版（マツノ書店、二〇〇一年）
長井雅楽顕彰会編『長井雅楽』（長井雅楽顕彰会、一九六二年）
井上光貞・永原慶二・児玉幸多・大久保利謙『日本歴史大系普及版一二 開国と幕末政治』（山川出版社、一九九六年）
[中国地域の主な藩の歴史概説]（自治体史や事典類は割愛）
柴裕之「羽柴秀吉の領国支配」（戦国史研究会『織田権力の領域支配』）（岩田書院、二〇一一年）
鳥取市・岩国市姉妹都市締結10周年記念企画展『天正九年鳥取城をめぐる戦い―毛利・織田戦争と戦国武将・吉川経家―』（鳥取市歴史博物館、二〇〇五年）
『鳥取県史ブックレット1 織田VS毛利―鳥取をめぐる攻防―』（鳥取県、二〇〇七年）
日置粂左ヱ門「豊臣政権と因幡・伯耆―宮部継潤の発給文書と関係史料―」（『鳥取地域史研究』八）（二〇〇六年）
太田浩司「宮部継潤宛 豊臣家四奉行連署状をめぐって」（『織豊期研究』九）（織豊期研究会、二〇〇七年）
中野等『柳川の歴史3 筑後国主田中吉政・忠政』（柳川市、二〇〇七年）
佐々木倫朗『堀尾吉晴と忠氏―松江開府を成しとげた武将たち―』（松江市教育委員会、二〇〇八年）
松江歴史館『松江創世記 松江藩主京極忠高の挑戦』（二〇一一年）
大西泰正『豊臣期の宇喜多氏と宇喜多秀家』（岩田書院、二〇一〇年）
渡邊大門『宇喜多直家・秀家』（ミネルヴァ書房、二〇一一年）
黒田基樹『戦国期領域権力と地域社会』（岩田書院、二〇〇九年）
岡山大学附属図書館・林原美術館『天下人の書状をよむ岡山藩池田家文書』（吉川弘文館、二〇一三年）
財団法人広島市未来都市創造財団広島城『福島正則の20年』

（二〇一二年）
福田千鶴「戦争の終焉と城郭―福島正則の改易をめぐる三つの疑問―」（藤田達生『近世成立期の大規模戦争　戦場論下』岩田書院、二〇〇六年）

＊本書の中には、今日では使われていない語句がありますが、歴史用語である点および時代背景に基づき使用しています。

「中国総研・地域再発見BOOKS」の刊行にあたって

二〇世紀後半からのグローバル化、情報化の進展は、産業や経済活動、人々の暮らしに大きな変化をもたらしています。その一方で、地域が自立的かつ持続的に成長するためには、地域を基点とした歴史や文化をはじめとした情報をグローバルに発信することが強く求められています。

瀬戸内海と日本海に囲まれ、緑豊かな中国山地を抱く中国地域は古くから豊かな歴史、自然に恵まれ、それを育むとともに産業や文化などを発展させてきました。また、日本だけでなく世界的にも高く評価される人物なども多数輩出してきました。こうした地域資源や地域特性を見直し再評価することは、二一世紀を生きる私たちにとって大きな「知の源泉」であり、中国地域を日本だけでなく世界に発信するうえで、きわめて重要であると考えます。

シリーズ「中国総研・地域再発見ＢＯＯＫＳ」は、中国地域の歴史や文化、産業、人物などをメインテーマとし、それを中国地域の強みとして生かすことで中国地域および日本の持続的発展に寄与するために発刊するものです。このシリーズによって、多くの人々が知的好奇心を高め、中国地域を再評価し、未来を生きる「知の源泉」となることを念願します。

二〇一二年一一月

公益社団法人　中国地方総合研究センター
会長　熊野　義夫

【公益社団法人 中国地方総合研究センター（略称：中国総研）について】

中国５県や産業界などによって設立され、内閣府の認定を受けた公益法人です。行政や産業界からの委託を受け、独立したシンクタンクとして客観的な立場から、主に中国地域や瀬戸内海地域を対象とした調査研究活動を行っています。昭和23年（1948）発足以来、地域に根差した組織として、中国地域の発展に寄与しています。

主な刊行物：季刊「中国総研」、「中国地域経済白書」など

主な編著物：「歴史に学ぶ地域再生」（吉備人出版、2008年）、「「海」の交流」（中国地方総合研究センター、2012年）、「中国地域のよみがえる建築遺産」、「「道」の文化史」（中国地方総合研究センター、2013年）、「中国地方の鉄道探見」（中国地方総合研究センター、2014年）など

中国総研・地域再発見 BOOKS ❺

中国地域の藩と人

―地域を支えた人びと―

2014年11月30日　初版発行

編集・発行……　公益社団法人　中国地方総合研究センター
〒730-0041　広島市中区小町4-33　中電ビル３号館
電話　082-245-7900
URL http://www.crrc.or.jp

編集協力………　株式会社ジェイクリエイト

装幀・デザイン…　有限会社オムデザイン

印刷・製本……　産興株式会社
〒730-0847　広島市中区舟入南1-1-18
電話　082-232-4286
URL http://www.sankoweb.co.jp

ISBN978-4-925216-10-4